MIX
Papier aus verantwortungsvollen Quellen
Paper from responsible sources
FSC® C105338

Elena Rudnikevic

Prüfungs- und Beratungshonorare der DAX-Gesellschaften

Eine empirische Untersuchung
zu der Entwicklung, den Einflussfaktoren
und den Modalitäten

Diplomica Verlag GmbH

Rudnikevic, Elena: Prüfungs- und Beratungshonorare der DAX-Gesellschaften: Eine empirische Untersuchung zu der Entwicklung, den Einflussfaktoren und den Modalitäten. Hamburg, Diplomica Verlag GmbH 2013

Buch-ISBN: 978-3-8428-5789-6
PDF-eBook-ISBN: 978-3-8428-0789-1
Druck/Herstellung: Diplomica® Verlag GmbH, Hamburg, 2013

Bibliografische Information der Deutschen Nationalbibliothek:
Die Deutsche Nationalbibliothek verzeichnet diese Publikation in der Deutschen Nationalbibliografie; detaillierte bibliografische Daten sind im Internet über http://dnb.d-nb.de abrufbar.

Das Werk einschließlich aller seiner Teile ist urheberrechtlich geschützt. Jede Verwertung außerhalb der Grenzen des Urheberrechtsgesetzes ist ohne Zustimmung des Verlages unzulässig und strafbar. Dies gilt insbesondere für Vervielfältigungen, Übersetzungen, Mikroverfilmungen und die Einspeicherung und Bearbeitung in elektronischen Systemen.

Die Wiedergabe von Gebrauchsnamen, Handelsnamen, Warenbezeichnungen usw. in diesem Werk berechtigt auch ohne besondere Kennzeichnung nicht zu der Annahme, dass solche Namen im Sinne der Warenzeichen- und Markenschutz-Gesetzgebung als frei zu betrachten wären und daher von jedermann benutzt werden dürften.

Die Informationen in diesem Werk wurden mit Sorgfalt erarbeitet. Dennoch können Fehler nicht vollständig ausgeschlossen werden und die Diplomica Verlag GmbH, die Autoren oder Übersetzer übernehmen keine juristische Verantwortung oder irgendeine Haftung für evtl. verbliebene fehlerhafte Angaben und deren Folgen.

Alle Rechte vorbehalten

© Diplomica Verlag GmbH
Hermannstal 119k, 22119 Hamburg
http://www.diplomica-verlag.de, Hamburg 2013
Printed in Germany

Inhalt

Abkürzungsverzeichnis II
Abbildungsverzeichnis IV
Diagrammverzeichnis IV
Tabellenverzeichnis V
I. Einleitung 1
II. Definitionen und Grundlagen 4
   1. Begriffsabgrenzung 4
   2. Definition der Prüfungs- und Beratungshonorare 4
   3. Akteure des Prüfungsmarktes 6
      3.1. Angebotsseite: Prüfungsgesellschaften 6
      3.2. Nachfrageseite: Unternehmen 7
   4. Statistische Methoden 8
      4.1. Regressions- und Korrelationsanalyse 8
      4.2. Einfaktorielle Varianzanalyse 10
III. Analyse der Prüfungs- und Beratungshonorare 12
   1. Einflussfaktoren 12
      1.1. Unternehmensgröße der Mandanten 12
      1.2. Branchenzugehörigkeit der Mandanten 19
      1.3. Wirtschaftsprüfungsgesellschaften 22
      1.4. Zusammenfassung 30
   2. Interdependenzanalyse der Honorarkomponenten 31
      2.1. DAX 30 34
      2.2. MDAX 37
      2.3. SDAX 41
      2.4. Zusammenfassung 44
   3. Prüfungs- und Beratungshonorare im Zeitverlauf 44
      3.1. DAX 30 45
      3.2. MDAX 49
      3.3. SDAX 52
      3.4. Zusammenfassung 55
IV. Fazit und Ausblick 59
Literaturverzeichnis 62

Abkürzungsverzeichnis

Abs.	Absatz
AG	Die Aktiengesellschaft
AktG	Aktiengesetz
Anm.	Anmerkung
ANOVA	Analysis of Variance
Aufl.	Auflage
BilMoG	Bilanzrechtsmodernesierungsgesetz
DAX	Deutscher Aktienindex
DCGK	Deutscher Corporate Governance Kodex
d.h.	das heißt
EU	Europäische Union
EFTA	European Free Trade Association
GmbH	Gesellschaft mit beschränkter Haftung
HGB	Handelsgesetzbuch
Hrsg.	Herausgeber
IASB	International Accounting Standards Board
IDW	Institut der Wirtschaftsprüfer in Deutschland e.V.
IFRS	International Financial Reporting Standards
i. H. v.	in Höhe von
IOSCO	International Organization of Securities Commissions
Jg.	Jahrgang
LLP	Limited Liability Partnership
Mio.	Millionen
Mittelst.	mittelständisch

MS Excel	Microsoft Excel 2007
Nr.	Nummer
OHG	Offene Handelsgesellschaft
S.	Seite
SEC	Securities and Exchange Comission
sog.	sogenannt
SSE	Sum of Squares for Error, unerklärte Abweichung
SST	Sum of Squares for Treatment, erklärte Abweichung
TEUR	Tausend Euro
US-GAAP	United States General Accepted Accounting Principles
usw.	und so weiter
vgl.	vergleiche
WP	Wirtschaftsprüfung
WPG	Wirtschaftsprüfungsgesellschaft
WPK	Wirtschaftsprüferkammer
WPO	Wirtschaftsprüferordnung

Abbildungsverzeichnis

Abbildung 1 "Einfaktorielle Varianzanalyse, Prüfungshonorare in Abhängigkeit von der Branchenzugehörigkeit des Mandanten" 21

Abbildung 2 "Einfaktorielle Varianzanalyse, Prüfungshonorare in Abhängigkeit von der WP-Gesellschaft" 26

Abbildung 3 "Struktur der Prüfungs- und Beratungshonorare in den Börsensegmenten" 32

Abbildung 4 "Struktur der Prüfung- und Beratungshonorare in den Börsensegmenten, bereinigt um GfK SE" 33

Abbildung 5 "Korrelationsanalyse der Prüfungs- und Beratungshonoraren der DAX 30 und dem Faktor Zeit" 48

Abbildung 6 "Korrelationsanalyse der Prüfungs- und Beratungshonorare der MDAX und dem Faktor Zeit" 52

Abbildung 7 "Korrelationsanalyse der Prüfungs- und Beratungshonorare der SDAX und dem Faktor Zeit" 55

Diagrammverzeichnis

Diagramm 1 "Streudiagramm DAX 30" 13

Diagramm 2 "Streudiagramm DAX 30, ohne Ausreißer" 14

Diagramm 3 "Streudiagramm MDAX" 15

Diagramm 4 "Streudiagramm MDAX, ohne Ausreißer" 16

Diagramm 5 "Streudiagramm SDAX" 17

Diagramm 6 "Streudiagramm SDAX, ohne Ausreißer" 17

Diagramm 7 "Prüfungs- und Beratungshonorare nach Branchen" 20

Diagramm 8 "Anbieterstruktur in der Stichprobe" 24

Diagramm 9 "Verteilung der Prüfungshonorare nach WP-Gesellschaften" 25

Diagramm 10 "Struktur der Prüfungs- und Beratungshonorare in den Börsensegmenten" 32

Diagramm 11 "Streudiagramm DAX 30, sonstige Leistungen in Abhängigkeit von den Abschlussprüfungsleistungen" 34

Diagramm 12 "Cluster DAX 30" 36

Diagramm 13 "Cluster DAX 30, ohne Ausreißer" 37

Diagramm 14 "Streudiagramm MDAX, sonstige Leistungen in Abhängigkeit von den Abschlussprüfungsleistungen" 38

Diagramm 15 "Cluster MDAX" 39

Diagramm 16 "Cluster MDAX, ohne Ausreißer" 40

Diagramm 17 "Streudiagramm SDAX, sonstige Leistungen in Abhängigkeit von Abschlussprüfungsleistungen" 41

Diagramm 18 "Cluster SDAX" 42

Diagramm 19 "Cluster SDAX, ohne Ausreißer" 43

Diagramm 20 "Entwicklung der Prüfungs- und Beratungshonorare der DAX 30 im Zeitverlauf" 46

Diagramm 21 "Entwicklung der Prüfungs- und Beratungshonorare der MDAX im Zeitverlauf" 50

Diagramm 22 "Entwicklung der Prüfungs- und Beratungshonorare der SDAX im Zeitverlauf" 54

Tabellenverzeichnis

Tabelle 1 "Stichprobenumfang" 8

Tabelle 2 "Beziehungsmaße unterteilt nach Börsenindizes" 18

Tabelle 3 "Führende Wirtschaftsprüfungs-Gesellschaften und Steuerberatungen in Deutschland 2008" 24

Tabelle 4 "Anzahl untersuchter Fälle von Prüferwechsel" 27

Tabelle 5 "Untersuchte Arten von Prüferwechsel" 27

Tabelle 6 "Cluster DAX 30" 35

Tabelle 7 "Cluster MDAX" 39

Tabelle 8 "Cluster SDAX" 42

Tabelle 9 "Korrelationskoeffizienten nach WP-Gesellschaften" 56

I. Einleitung

Die vorliegende Studie beschäftigt sich mit unterschiedlichen Aspekten der Prüfungs- und Beratungshonorare deutscher kapitalmarktorientierter Gesellschaften.

Die Honorare für die gesetzliche Abschlussprüfung sind aus der Sicht des Gesetzgebers ein Indikator für die Qualität der durchgeführten Prüfung. Ihre Höhe und ihre Struktur geben einen Hinweis darauf, ob der Abschlussprüfer die Grundsätze der Unbefangenheit und Unabhängigkeit (§ 43 Abs. 1 WPO) während der Prüfung befolgt hat. Sind sie unangemessen hoch, besteht möglicherweise eine einseitige Abhängigkeit des Prüfers von dem Mandanten, was sein Urteil in Bezug auf die Richtigkeit und die Verlässlichkeit der im Jahresabschluss getroffenen Aussagen beeinträchtigt. Sind die Honorare zu niedrig, leidet womöglich die Qualität der Prüfungsdurchführung darunter.[1]

Die Beurteilung der Angemessenheit der Prüfungs- und Beratungshonorare hat der Gesetzgeber in die Hände der Öffentlichkeit gelegt, indem er durch das Bilanzrechtsreformgesetz im Jahr 2004 die Pflicht zur Angabe der Honorare des Abschlussprüfers im Anhang für alle kapitalmarktorientierten Gesellschaften eingeführt hat. Das Bilanzrechtsmodernisierungsgesetz, welches am 01.01.2010 in Kraft getreten ist, hat diese Pflicht auf alle Kapitalgesellschaften erweitert. „Hat ein Abschlussprüfer von einem Prüfungsmandanten für die in dessen Berichtszeitraum erbrachten Leistungen (Prüfungs- oder sonstige) Honorare erhalten, sind diese in voller Höhe und in angemessener Weise im Jahresabschluss des Mandanten offen zu legen, sofern der Jahresabschluss veröffentlicht werden muss. Nach der Empfehlungsbegründung bezweckt diese Regelung, einen sachverständigen und informierten Dritten in die Lage zu versetzen, sich ein Bild über das Ausmaß eines etwaigen Missverhältnisses zwischen Prüfungs- und sonstigen Honoraren zu machen."[2]

Als Konsequenz entstand der § 285 Satz 1 Nr. 17 HGB mit Bezug auf Einzelabschlüsse und der § 314 Abs. 1 Nr. 9 HGB mit Bezug auf Konzernabschlüsse. Relevant für die vorliegende Untersuchung ist der § 314 Abs. 1 Nr. 9 HGB, der die Angabe des Gesamthonorars für die Prüfung des Konzerns regelt.

Die gesetzlichen Neuerungen haben aber nicht nur die Beurteilung der Angemessenheit der Höhe der Prüfungs- und Beratungshonorare zum Zweck, sondern auch den Versuch die Zusammensetzung der Honorare transparenter zu gestalten. Denn nach wie vor, ist es für die Bilanzadressaten (Fremdkapitalgeber, Anteilseigner, Kreditinstitute usw.) schwierig nachzuvollziehen, welche Faktoren bei der Berechnung der Honorare eine Rolle spielen. Der Man-

---
[1] Vgl. Velte, P. (2009), S. 1231-1232.
[2] WP Handbuch (2008), S. 1226.

gel an Transparenz in Bezug auf die Entstehung der Honorare erschwert auch die Vergleichbarkeit der Prüfungsaufwendungen unterschiedlicher Unternehmen miteinander.

Bereits kurz nach der Entstehung des Berufsstandes des Wirtschaftsprüfers im Jahr 1931[3] hat der Gesetzgeber das mögliche Risiko bei den Honorarvereinbarungen erkannt und eine Gebührenordnung für Pflichtprüfungen im Jahr 1939 erlassen. „Diese legt sowohl die Modalitäten zur Ermittlung des Prüfungshonorars als auch die dabei anzuwendenden Mindestgebührensätze, die nur in Ausnahmefällen unterschritten werden dürfen, fest. Danach wurde sowohl eine Zeitgebühr, die den zeitlichen Einsatz der Mitarbeiter des Prüfungsunternehmens vergütet, als auch eine Wertgebühr, die die nicht prüfungszeitabhängigen Kosten des Prüfungsunternehmens vergütet, berechnet."[4]

Auf der Grundlage der Gebührenordnung vom 11. April 1939 wurden in den Folgejahren vom IDW Gebührenfeststellungen herausgegeben, die angepasste Gebührensätze enthielten und als eine Orientierungshilfe für die Abschlussprüfer dienen sollten. Die Herausgabe und Verbreitung der Gebührenfeststellungen wurden aber vom Bundeskartellamt in 1972 beanstandet. Der Grund hierfür war die Sorge, „… dass die Gebührenfeststellungen des Instituts der Wirtschaftsprüfer ein gleichförmiges Verhalten der Berufsangehörigen auf dem Honorarsektor bewirken und deshalb als ordnungswidrige Preisempfehlungen Bestimmungen des Gesetzes gegen Wettbewerbsbeschränkung (GWB) verletzen."[5] Daraufhin hat das IDW keine Gebührenfeststellungen mehr veröffentlicht. [6]

Demzufolge existiert zurzeit keine rechtlich bindende Grundlage für die Honorarabrechnung der Abschlussprüfer und die Honorare werden weiterhin frei zwischen der zu prüfenden Gesellschaft und der WP-Gesellschaft verhandelt.

Das Ziel der vorliegenden Untersuchung ist es mit Hilfe verschiedener Methoden der deskriptiven Statistik einen Überblick über die Einflussfaktoren und die Modalitäten der Prüfungs- und Beratungshonorare deutscher kapitalmarktorientierter Gesellschaften zu schaffen sowie deren Entwicklung in den letzten fünf Jahren zu analysieren. Das erhobene Datenmaterial sowie die ausführliche Analyse und Interpretation der Ergebnisse sollen eine Orientierungshilfe sowohl für die prüfungspflichtigen Gesellschaften als auch für die Prüfungsgesellschaften selbst bieten. Darüber hinaus sollen auf der Basis der gewonnenen Erkenntnisse Handlungsempfehlungen für Abschlussprüfer und die Mandanten abgeleitet werden können.

Diese Untersuchung erweitert den Kreis der wissenschaftlichen Werke, die sich mit dem Thema der Prüfungshonorare beschäftigen. Der größte Teil der Literatur über Wirtschafts-

---

[3] Vgl. Ludewig, R. / Schleithoff, F. (2009), S. 855.
[4] Kehm, P. (2004), S. 167.
[5] WP-Handbuch (1977), S. 170.
[6] Vgl. Kehm, P. (2004), S. 167-168.

prüfung und Wirtschaftsprüfungswesen befasst sich ausschließlich mit ihren qualitativen Aspekten. Die Schriftwerke, welche die quantitativen Facetten der Wirtschaftsprüfung erörtern, haben – zumindest im deutschsprachigen Raum – einen Seltenheitswert. Die vorliegende Studie versucht ein möglichst breites Spektrum an Fragen in Zusammenhang mit den Einfluss- und Bestimmungsfaktoren der Prüfungs- und Beratungshonorare, ihrer Entwicklung im Zeitablauf sowie deren Struktur abzudecken.

Zu diesem Zwecke wurden alle in den Gesellschaften der DAX 30, MDAX und SDAX in den letzten fünf Jahren angefallenen Aufwendungen für die Prüfung der Konzernabschlüsse erhoben. Anschließend wurden sie in tabellarischer Form zusammengefasst, unterschiedlichen statistischen Analysen unterzogen und die Ergebnisse ausführlich untersucht und interpretiert.

In dem Kapitel II werden zunächst alle relevanten Begriffe abgegrenzt sowie die angewandten statistischen Methoden näher erläutert. Das dritte Kapitel, welches den Hauptteil des Buches bildet, ist in drei Abschnitte unterteilt. In dem ersten Abschnitt werden die Faktoren, welche die Höhe der Prüfungs- und Beratungshonorare beeinflussen, nämlich: Größe der zu prüfenden Gesellschaft, Branchenzugehörigkeit des Mandanten sowie Art bzw. Größe der Prüfungsgesellschaft auf die Stärke ihres Einflusses untersucht. Unter anderem wird in diesem Abschnitt eine Analyse des Prüfungsmarktes vorgenommen und die Auswirkungen eines Prüferwechsels erläutert.

In dem zweiten Abschnitt werden zwei Komponenten des Prüfungshonorars, Honorar für Abschlussprüfung und Honorar für sonstige Leistungen, auf ihre gegenseitige Abhängigkeit (Interdependenzanalyse) untersucht. Das Ziel dieses Abschnittes ist es herauszufinden, ob das Verhältnis der beiden Honorarkomponenten zueinander in Hinblick auf die mögliche Befangenheit des Prüfers und das Selbstprüfungsverbot unbedenklich ist.

Der dritte Abschnitt untersucht die Entwicklung der Prüfungs- und Beratungshonorare aus der Sicht der einzelnen WP-Gesellschaften im Zeitablauf. Der untersuchte Zeitraum beträgt hierbei fünf Jahre.

Das vierte Kapitel bildet das Fazit. Hier werden alle aus den herangezogenen statistischen Verfahren gewonnenen Erkenntnisse zusammengefasst. Auf ihrer Grundlage werden schließlich Empfehlungen für die prüfungspflichtigen Gesellschaften und die WP-Gesellschaften abgegeben.

II. Definitionen und Grundlagen

Zum inhaltlichen Verständnis der behandelten Inhalte ist es nötig einige Begriffe abzugrenzen, um somit Fehldeutungen zu vermeiden. Des Weiteren werden in diesem Kapitel theoretische Grundlagen thematisiert, die ebenfalls für die Klarheit sorgen sollen.

1. Begriffsabgrenzung

Der Terminus „Prüfung" bezieht sich stets auf die gesetzliche Konzernabschlussprüfung gemäß § 316 HGB. Unter „Abschlussprüfer" sind die Berufsträger zu verstehen, die per Gesetz dazu befugt sind, Einzel- und Konzernabschlüsse prüfungspflichtiger Unternehmen zu prüfen. Der Einzelabschluss ist gleichzusetzen mit dem Jahresabschluss eines rechtlich selbständigen Unternehmens, ein Konzernabschluss bezieht sich auf den Jahresabschluss eines Mutterunternehmens gemäß § 290 HGB.

Jedes der in die folgenden Betrachtungen und Analysen einbezogenen Unternehmen ist eine große Kapitalgesellschaft im Sinne des § 267 HGB und hat darüber hinaus einen Konzernabschluss nach § 290 HGB aufzustellen. Demzufolge sind alle Abschlüsse gemäß § 315a HGB nach IFRS aufgestellt.[7]

Die Begriffe „Prüfungsgebühren", „Prüfungs- und Beratungshonorare" sowie „Jahresabschlussprüfungskosten" sind synonym zu verwenden. Darunter sind diejenigen Gebühren zu verstehen, die das prüfungspflichtige Unternehmen für die Durchführung der gesetzlichen Abschlussprüfung an die jeweilige Prüfungsgesellschaft zu entrichten hat.

2. Definition der Prüfungs- und Beratungshonorare

Gemäß § 314 Abs. 1 Nr. 9 HGB sind die Prüfungsgebühren in Aufwendungen für Abschlussprüfung, für sonstige Bestätigungs- oder Bewertungsleistungen, Steuerberatungsleistungen und sonstige Leistungen, die für das Mutter- oder Tochterunternehmen erbracht worden sind, im Anhang aufzuschlüsseln. Angesichts der Tatsache, dass es keine gesetzliche Definition der einzelnen Komponenten der Prüfungs- und Beratungshonorare existiert, obliegt die Unterteilung des Honorars in die unterschiedlichen Kategorien dem Mandanten. Dies beeinträchtigt die Vergleichbarkeit der Prüfungs- und Beratungshonorare verschiedener Unternehmen miteinander. Die nachfolgenden Beschreibungen der einzelnen Honorarkomponenten lehnen sich an die entsprechenden Erläuterungen in den Geschäftsberichten der in die Auswertung einbezogenen Unternehmen an.

Die Aufwendungen für Abschlussprüfung umfassen Gebühren für die gesetzliche Konzernabschlussprüfung, Prüfung der Einzelabschlüsse der Tochtergesellschaften und den konsolidierungsbedingten Anpassungen einschließlich der Prüfung der Überleitungen von dem

---

[7] Es gibt jedoch einige Ausnahmen: Dabei handelt es sich um Gesellschaften, die ihren Konzernabschluss sowohl nach IFRS als auch nach US-GAAP erstellen, wie z.B. *Infineon Technologies AG*.

lokalen Abschluss zum nach dem Handelsrecht der Mutter aufgestellten Abschluss bei Auslandstochterunternehmen. „Bezugsgrundlage ist stets die erbrachte Abschlussprüfungsleistung des Konzernabschlussprüfers für das Tochterunternehmen, auch wenn das Prüfungshonorar an das Tochterunternehmen berechnet und von ihm bezahlt wird. Werden andere Abschlussprüfer im Auftrag des Konzernabschlussprüfers und im Rahmen der Konzernabschlussprüfung für das Mutterunternehmen oder Tochterunternehmen tätig, gehören die Honorare für diese Abschlussprüfungsleistungen zum angabepflichtigen Gesamthonorar, unabhängig davon, wer sie bezahlt. Sind Abschlussprüfer und Konzernabschlussprüfer identisch, umfasst die Angabe auch das Honorar für die Prüfung des Jahresabschlusses des Mutterunternehmens."[8]

Die sonstigen Bestätigungs- oder Bewertungsleistungen umfassen beispielsweise Aufwendungen in Verbindung mit der prüferischen Durchsicht der Quartalsabschlüsse oder Einzelabschlüsse nicht konsolidierter Tochtergesellschaften, Due-Diligence-Prüfungen oder Aufwendungen im Zusammenhang mit gesetzlichen oder gerichtlichen Vorgaben.

In den Honoraren für Steuerberatungsleistungen sind insbesondere Honorare für die Erstellung von Steuererklärungen und Beratung im Bereich des nationalen und internationalen Steuerrechts enthalten.

Die Honorare für sonstige Leistungen beinhalten Aufwendungen für alle nicht-prüfungsnahe Dienstleistungen, die bei Vorhandensein eines Prüfungsausschusses, dem sog. Audit Committee[9], genehmigt werden müssen. Die sonstigen Leistungen stellen ein Risiko dar, denn sie beinhalten die Honorare für Beratungsleistungen, die der Abschlussprüfer für den Mandanten erbringt. Bei Beratungen seitens des Abschlussprüfers ist es insbesondere darauf zu achten, ob ein Verstoß gegen das sog. „Selbstprüfungsverbot" gemäß § 319 HGB vorliegen könnte. Diese Problematik wird im Kapitel III.2. vertieft.

Der Gebührenordnung vom 11. April 1939 zufolge setzt sich das Prüfungshonorar aus drei Bestandteilen zusammen: Zeithonorar, Werthonorar und Auslagenersatz. Das Zeithonorar ist das Produkt der für die Abschlussprüfung benötigten Zeit und der jeweiligen Gebührensätze für die unterschiedlichen Mitarbeitergruppen (Wirtschaftsprüfer, Prüfungsassistent). Das Werthonorar ist von dem Wert des Unternehmens abhängig, dieser wird üblicherweise anhand der Bilanzsumme gemessen. Es soll die Aufwendungen abdecken, die prüferzeitunabhängig sind. In den Auslagenersatz fließen alle Kosten ein, die im Zusammenhang mit der Prüfungsdurchführung entstehen wie z.B. Fahrtkosten, Kosten für die Unterbringung und

---

[8] Beck'scher Bilanzkommentar (2006), S. 1805.
[9] Die Einrichtung eines Prüfungsausschusses im Aufsichtsrat wird vom Deutschen Corporate-Governance-Kodex für deutsche Aktiengesellschaften empfohlen (vgl. Punkt 5.3.2. DCGK in der Fassung vom 18. Juni 2009) und wird durch das Bilanzrechtsmodernisierungsgesetz für kapitalmarktorientierte Gesellschaften verpflichtend (vgl. § 324 HGB nach BilMoG i. V. m. § 100 Abs. 5 AktG).

Verpflegung der an der Prüfung beteiligten Mitarbeiter sowie Kosten für Mehrausfertigung von Prüfungsberichten.[10]

Diese Honorarmodalitäten, die auf der Gebührenordnung aus dem Jahr 1939 basieren, werden nach wie vor von einer Vielzahl der Berufsangehörigen als Grundlage für die Berechnung der Honorare herangezogen. Für Auslagenersatz wird dabei meist ein fixer Betrag herangezogen, das Zeit- und Werthonorar wird mit Hilfe der zuvor von der Prüfungsgesellschaft kalkulierten Gebührensätze ermittelt. Daraus ergibt sich allerdings ein Problem, denn „Auftraggeber sind [...] unter Umständen nicht bereit, eine Abrechnung auf der Grundlage der vom Prüfungsunternehmen selbst kalkulierten (Zeit- und Wert-) Gebührensätze und der tatsächlich geleisteten Prüfungszeiten zu akzeptieren, sondern verlangen Zugeständnisse bezüglich der Höhe bzw. Ermittlungsmethodik des Prüfungshonorars."[11] Eine beliebte Art der Honorarvereinbarung bilden daher die Pauschalhonorare. Diese dürfen aber nur insofern vereinbart werden, wenn der Vertrag eine Klausel enthält, dass „bei Eintritt für den Prüfer nicht vorhersehbarer Umstände im Bereich des Auftraggebers, die zu einer erheblichen Erhöhung des Prüfungsumfanges führen, das Honorar entsprechend zu erhöhen ist."[12]

Ausdrücklich verboten ist die Vereinbarung eines Erfolgshonorars laut § 55 WPO. Demnach darf kein Honorar vereinbart werden, dessen Höhe vom Ergebnis der Tätigkeit des Abschlussprüfers abhängig gemacht wird.

3. Akteure des Prüfungsmarktes

3.1. Angebotsseite: Prüfungsgesellschaften

Zum 1. Januar 2007 belief sich die Zahl der in Deutschland vertretenen WP-Gesellschaften auf 2.361.[13] Der Prüfungsmarkt ist jedoch auf vier große Prüfungsgesellschaften, die sog. Big Four: KPMG Europe LLP („KPMG")[14], PricewaterhouseCoopers AG Wirtschaftsprüfungsgesellschaft („PwC"), Ernst & Young AG Wirtschaftsprüfungsgesellschaft Steuerberatungsgesellschaft („Ernst & Young") sowie Deloitte & Touche GmbH Wirtschaftsprüfungsgesellschaft („Deloitte & Touche") konzentriert.

Die großen börsennotierten Kapitalgesellschaften werden überwiegend durch die Big Four geprüft. Der Anteil bei DAX-30®-Unternehmen liegt bei 100 %, bei TecDAX® liegt dieser bei ca. 76 %, bei MDAX®-Unternehmen beläuft sich dieser auf ca. 86 % und bei SDAX®[15] auf

---
[10] Vgl. WP-Handbuch (1977), S. 166-169.
[11] Kehm, P. (2004), S. 174.
[12] WP-Handbuch (2000), S. 131.
[13] Vgl. Braunsdorf, A. (2008), S. 40.
[14] Die Bezeichnungen in den Klammern stellen die verwendeten Kurznamen der WP-Gesellschaften dar.
[15] Die Bezeichnungen „TecDAX", „DAX 30", „SDAX" sowie „MDAX" sind geschützte Marken der Frankfurter Wertpapierbörse. Im Text wurde jedoch auf Gebrauch des Symbols für geschützte Marken („®") verzichtet.

ca. 70 %. Eine genauere Analyse der Struktur des Prüfungsmarktes wird im Kapitel III.1.3. durchgeführt.

Neben Big Four existieren auch sog. Second-Tier-WP-Gesellschaften[16], die Gesellschaften der Zweiten Reihe. Die größten unter ihnen sind BDO Deutsche Warentreuhand AG Wirtschaftsprüfungsgesellschaft („BDO"), Rödl & Partner GbR („Rödl & Partner"), sowie Susat & Partner OHG Wirtschaftsprüfungsgesellschaft („Susat & Partner") (vgl. Tabelle 3, S. 24). Daneben existieren noch eine Vielzahl an Mittelständlern sowie viele „Einzelkämpfer".[17]

In solchen Fällen, in denen ein Unternehmen von einem Joint Audit (Gemeinschaftsprüfung) geprüft wird wie z.B. *Deutsche Telekom AG* (*Ernst & Young* und *PwC*) oder *EADS N.V.* (*Ernst & Young* und *KPMG*), wurden die Prüfungsaufträge stets getrennt behandelt, d.h. jedem Prüfer wurde ein Mandat zugerechnet.

3.2. Nachfrageseite: Unternehmen

Die Stichprobe umfasst mit Ausnahme der TecDAX-Werte alle Unternehmen der Prime-Standards-Gruppe, die zum 5. November 2009 an der Frankfurter Wertpapierbörse notiert waren. Hierzu zählen DAX 30-, MDAX- und SDAX-Indizes. „Für die Aufnahme in den Index qualifizieren sich solche Unternehmen, die ihren juristischen oder operativen Sitz in Deutschland haben oder die einen Schwerpunkt des Handelsumsatzes an der FWB Frankfurter Wertpapierbörse und ihren Hauptsitz in einem EU oder EFTA Staat haben."[18] Der DAX-Index beinhaltet dabei die 30 umsatzstärksten Unternehmen. Der MDAX besteht aus 50 weiteren Werten, die hinsichtlich Größe und Umsatz den DAX-Werten folgen. Der SDAX besteht wiederum aus den dem MDAX-folgenden 50 Unternehmen.[19]

Vereinzelte Unternehmen mussten auf Grund nicht vollständiger Angaben der Prüfungs- und Beratungshonorare aus dem Datenpool bereinigt werden: Im Segment MDAX wurde *GAGFAH S.A.*, im Segment SDAX wurden *C.A.T. OIL AG* und *Highlight Communications AG* aus der Auswertung ausgeschlossen, da die Aufwendungen für Prüfungs- und Beratungshonorare unklar und missverständlich in den jeweiligen Geschäftsberichten dargestellt wurden. Somit stellt sich der Stichprobenumfang der vorliegenden Thesis folgendermaßen dar:

---

[16] Vgl. Braunsdorf, A. (2008), S.43.
[17] Vgl. Dallwieser, W. (2008), Entwicklung und Problemfelder von Wirtschaftsprüfungsgesellschaften, in: Wirtschaftsprüfung im Wandel, S. 7.
[18] http://deutsche-boerse.com/dbag/dispatch/de/binary/gdb_content_pool/imported_files/public_files/10_downloads/50_informations_services/30_Indices_Index_Licensing/21_guidelines/10_share_indices/equity_indices_guide.pdf [18.01.2010]
[19] Vgl. http://deutsche-boerse.com/dbag/dispatch/de/binary/gdb_content_pool/imported_files/public_files/10_downloads/50_informations_services/30_Indices_Index_Licensing/21_guidelines/10_share_indices/equity_indices_guide.pdf [18.01.2010]

Börsensegment	n = Anzahl der Unternehmen
DAX 30	30
MDAX	49
SDAX	48
Gesamt	**127**

Tabelle 1 "Stichprobenumfang" *Quelle: Eigendarstellung*

4. Statistische Methoden

Zur Analyse des vorhandenen Datenmaterials wurden verschiedene statistische Verfahren herangezogen, die im Folgenden vorgestellt werden. Sämtliche Berechnungen wurden computergestützt (*Microsoft Office Excel 2007*) durchgeführt.

4.1. Regressions- und Korrelationsanalyse

Wenn eine einseitige Abhängigkeit der Variablen vermutet wurde, wobei beide Variablen metrisch messbar waren, wurde eine Regressions- und Korrelationsanalyse durchgeführt. Dies war zum Beispiel bei der Analyse des Einflusses der Unternehmensgröße auf die Höhe der Prüfungshonorare der Fall. Die Art des Zusammenhangs war aus dem statistischen Gesichtspunkt stets einfach, d. h. es lag nur eine abhängige Variable **y** sowie nur eine unabhängige Variable **x** vor. Darüber hinaus wurde stets eine lineare Regression bzw. Korrelation unterstellt, das bedeutet, dass die Veränderung der beiden Variablen in einem festen, linearen Verhältnis steht.[20]

Die Regressionsrechnung ermittelt die Art des Zusammenhangs zwischen den Variablen. Sie ermöglicht eine plausible Vorhersage über das Verhalten eines Wertes von **y** anhand eines Wertes von **x**. Zunächst wird ein Streudiagramm erstellt, ein zweidimensionales Diagramm, welches sämtliche Wertepaare von **x** und **y** enthält. Bereits nach diesem ersten Schritt wird anhand der Konzentration der Punkte in dem Diagramm deutlich, ob ein linearer Zusammenhang unterstellt werden kann, wie stark die Beziehung zwischen den Variablen ist und ob es Ausreißer gibt. Die Rückschlüsse aus der Interpretation des Streudiagramms werden nachfolgend im Rahmen der Errechnung des Korrelationskoeffizienten **r** quantifiziert.

Der Korrelationskoeffizient nach Bravais-Pearson, auch pearsonsche Korrelationskoeffizient genannt, misst sowohl die Stärke als auch die Richtung der linearen Beziehung zwischen **x** und **y**.

---

[20] Vgl. zur Beschreibung des Vorgehens Rumsey, D. (2007) S. 87-101.

Die Formel, die der Berechnung des Korrelationskoeffizienten zugrunde liegt, sieht folgendermaßen aus:

$$r = \frac{\sum_{i=1}^{n}(x_i - \bar{x})(y_i - \bar{y})}{\sqrt{\sum_{i=1}^{n}(x_i - \bar{x})^2 \sum_{i=1}^{n}(y_i - \bar{y})^2}}$$

Das Ergebnis der dargestellten Formel ist eine Zahl zwischen +1 und -1, welche keine Einheit hat. +1 unterstellt einen starken positiven Zusammenhang zwischen **x** und **y**, d. h. die Richtung der Veränderung der beiden Variablen ist die gleiche: Wenn **x** um eine Einheit steigt, steigt **y** ebenfalls um eine Einheit. -1 zeigt einen starken negativen Zusammenhang zwischen den Variablen, d.h. wenn **x** um eine Einheit steigt, sinkt **y** um eine Einheit. Eine Korrelation in Höhe von +0,5 oder -0,5 steht für eine moderate Beziehung der Merkmale, 0 bedeutet, dass keine Beziehung oder eine nicht lineare Beziehung zwischen den Werten vorliegt.

Der nächste Schritt ist die Erstellung eines Modells, welches **y** unter Verwendung von **x** schätzt. In der Regressionsrechnung ist dies die Funktion der Regressionsgeraden. *Excel* errechnet die Funktion bereits bei der Erstellung des Streudiagramms. Die Steigung der Geraden stellt die Änderung von **y** bei einer Steigerung um eine Einheit von **x** dar. Um zu bestimmen, wie gut sich das errechnete Modell zur Vorhersage der **y**-Werten eignet, wird der Korrelationskoeffizient **r** quadriert. Es entsteht das Bestimmtheitsmaß r^2. Er beschreibt, in welchem Umfang die unabhängige Variable **x** die Variabilität in den **y**-Werten erklärt, also wie stark der **x** den **y** beeinflusst. „Wenn das Modell, das x enthält, einen Großteil der Variabilität in den **y**-Werten erklärt, dann ist r^2 hoch."[21] r^2 kann einen beliebigen Wert zwischen 0 und +1 annehmen. Ein Bestimmtheitsmaß in Höhe von 0 bedeutet, dass **x** nicht viel dazu beiträgt, die Variabilität in den **y**-Werten zu erklären, eine andere unbekannte Variable scheint in solchem Fall mehr Einfluss auf **y** auszuüben. Je höher der Koeffizient des r^2, desto höher ist der Grad des Einflusses des **x** auf **y**.

Zusätzlich wird die Regressions- und Korrelationsanalyse um eine Residuenanalyse erweitert. Ein Residuum ist die Differenz zwischen dem beobachteten Wert von **y** aus der Datenmenge und dem anhand der Funktion der Regressionsgeraden erwarteten Wert von **y**. Für die Zwecke der weiteren Interpretationen werden die Residuen standardisiert, d.h. der Mittelwert der Residuen wird subtrahiert und durch die Standardabweichung aller Residuen dividiert. Auf diesem Wege wird eine Standardnormalverteilung erreicht, die Rückschlüsse ermöglicht, wie gut die zuvor errechnete Regressionsgerade das Verhalten des **y** anhand von **x** vorhersagt. Je kleiner das Residuum, desto besser beschreibt die Funktion des Regressionsgeraden die Entwicklung des **y** anhand von **x**. Wenn ein standardisiertes Residuum einen größeren Wert als +3 bzw. -3 annimmt, dann handelt es sich bei diesem Wert um ei-

---

[21] Rumsey, D. (2007), S. 99.

nen Ausreißer, also ein Wert, dessen Verhalten nicht mit der errechneten Funktion beschrieben werden kann. Bei Vorliegen eines Ausreißers wird im Folgenden eine genauere Analyse durchgeführt. Anschließend wird dieser eliminiert und mit einer zusätzlichen Regressions- und Korrelationsanalyse die Stärke des Einflusses auf das gesamte Ergebnis untersucht.

4.2. Einfaktorielle Varianzanalyse

In solchen Fällen, in denen eine einseitige Abhängigkeit des **y** von **x** vermutet wurde, wobei die unabhängige Variable **x** nicht metrisch war, wurde eine einfaktorielle Varianzanalyse herangezogen. Dieses Verfahren wurde zum Beispiel bei der Untersuchung des Einflusses der Branchenzugehörigkeit des Mandanten auf die Höhe der Prüfungsgebühren angewendet.

Als Erstes werden die nominal skalierten Werte der unabhängigen Variable **x** in Gruppen zusammengefasst. Für jede Gruppe werden anschließend der Mittelwert und die Varianz, die quadrierte Standardabweichung, ermittelt. Im nächsten Schritt wird eine Nullhypothese **H₀** formuliert, also die Aussage, die bestätigt oder widerlegt werden soll. Die Nullhypothese besagt immer, dass kein Zusammenhang zwischen den Variablen existiert. Anschließend wird ein F-Test mit Hilfe der ANOVA (ANalysis Of VAriance, ein statistisches Tool von *Excel*) durchgeführt. Dabei werden die Daten zunächst auf zwei Streuungsursachen untersucht. Die Variabilität in den Daten kann zum Einen auf Unterschiede zwischen den Gruppen zurückgeführt werden und zum Anderen auf die Unterschiede in den Gruppen. Die Unterschiede zwischen den Gruppen bilden die sog. erklärte Abweichung, d.h. dass **x** den größten Teil der Variabilität in den **y**-Werten erklärt und ihn folglich beeinflusst. Die Unterschiede in den Gruppen oder die unerklärte Abweichung bedeuten, dass neben **x** noch unbekannte Störfaktoren existieren, die einen größeren Einfluss auf **y** haben. Die erklärte Abweichung (Sum of Squares for Treatment – SST) ist die gesamte quadrierte Distanz zwischen den Mittelwerten aus jeder Gruppe und dem Gesamtmittelwert.

$$SST = \sum n_i (\overline{x_i} - \bar{x})^2$$

Die unerklärte Abweichung (Sum of Squares for Error – SSE) ist die gesamte quadrierte Distanz zwischen den Werten in jeder Gruppe und ihren entsprechenden Gruppenmittelwerten.

$$SSE = \sum \sum (\overline{x_{ij}} - \bar{x})^2$$

Um beide Modelle miteinander vergleichen zu können, werden sie durch die zugehörigen Freiheitsgrade **df** (degrees of freedom) dividiert. Durch dieses Vorgehen werden Mittelwerte der erklärten und unerklärten Abweichung erzeugt, die eine Basis zur Ermittlung der Prüfgröße F bilden. Die Freiheitsgrade stellen dabei die Anzahl der Werte dar, die frei variiert werden können ohne das Ergebnis zu verzerren. Für die erklärte Abweichung ergeben sich

k-1 Freiheitsgrade, wobei **k** die Anzahl der Gruppen ist. Die Freiheitsgrade der gesamten Abweichung betragen **n-1**, wobei **n** die gesamte Anzahl der Datenwerte angibt. Die Freiheitsgrade der unerklärten Abweichung lassen sich als Differenz aus **df** von SST und der **df** der gesamten Abweichung, also **n-k** darstellen.

Die durch die Division der SST und SSE durch die entsprechenden Freiheitsgrade errechneten mittleren Quadratsummen werden anschließend wiederum dividiert. Das Ergebnis ist die Prüfgröße F, die mit dem kritischen F-Wert verglichen wird. Der kritische F-Wert wird von ANOVA automatisch anhand von Freiheitsgraden und dem vorgegebenen α ermittelt. Wenn die Prüfgröße F größer als der kritische F-Wert ist, wird die Hypothese H_0 abgelehnt. Ein anderer Ansatz, der ermöglicht Schlüsse aus dem F-Test zu ziehen, ist der **p**-Wert-Ansatz. Hierbei wird **p** mit dem zuvor vorgegebenen α verglichen. α ist der Grenzwert, der angibt bis zu welchem Prozentsatz die Nullhypothese abgelehnt wird. In dieser Thesis wird stets ein α in Höhe von 5 % herangezogen. Der **p**-Wert wird ebenfalls automatisch von ANOVA errechnet, er ist ein Maß für die Stärke des Beweises gegen die Nullhypothese. Um die H_0 ablehnen zu können muss der **p**-Wert geringer sein, als der kritische α.[22]

---

[22] Vgl. Rumsey, D. (2007), S. 77.

III. Analyse der Prüfungs- und Beratungshonorare

1. Einflussfaktoren

Klaus Ruhnke nennt in seinem Buch „Normierung der Abschlussprüfung" die Größe des Mandanten und der Prüfungsgesellschaft, die Komplexität der Prüfung, die Branche und die Risikoposition des Mandanten als Faktoren, die ausschlaggebend für die Höhe der anfallenden Aufwendungen für die Prüfungs- und Beratungshonorare sind.[23] Einige dieser Faktoren – Größe des Mandanten, Größe der Prüfungsgesellschaft sowie die Branchenzugehörigkeit des Mandanten – sind messbar und mit Hilfe geeigneter statistischer Methoden auf ihre Wirkung bezüglich der Höhe der Prüfungshonorare leicht zu analysieren. Die anderen hingegen – Komplexität der Prüfung und Risikoposition des Mandanten – sind schwer zu fassen, auch wenn sie ohne Zweifel eine große Rolle bei der Bemessung der Prüfungsgebühren spielen. Im Folgenden wird auf die Faktoren eingegangen, deren Eruierung und Analyse realisierbar waren: Größe des Unternehmens, Branche und Größe (Art) der Prüfungsgesellschaft.

1.1. Unternehmensgröße der Mandanten

Der Faktor, der bei der Bestimmung der Höhe der Prüfungs- und Beratungshonorare wohl am meisten ins Gewicht fällt, ist sicherlich die Größe des Mandanten bzw. die Größe der zu prüfenden Gesellschaft. Da es keinen allgemein gültigen Bewertungsmaßstab für die Unternehmensgröße gibt, wurden in der vorliegenden Thesis die Umsatzerlöse als Indikator herangezogen. Die gesamte Stichprobe wurde nach Börsensegmenten aufgeteilt und anschließend einer Regressions- und Korrelationsanalyse unterzogen.

a) DAX 30

Um die Stärke der Beziehung zwischen den zwei quantitativen Merkmalen, Umsatzerlöse und Prüfungsgebühren, zu untersuchen, wurde eine Regressions- und Korrelationsanalyse durchgeführt. Die Umsatzerlöse bilden dabei die unabhängige Variable x, die Prüfungsgebühren, da sie erwartungsgemäß je nach Unternehmensgröße variieren, sind die abhängige Variable y. Zunächst wurde der Pearsonsche Korrelationskoeffizient ermittelt, der ein Indiz für den linearen Zusammenhang zweier kardinal skalierter Merkmale liefert. Er beträgt bei den DAX 30-Unternehmen 0,727. Hieraus lässt sich ableiten, dass zwischen den Umsatzerlösen und den Prüfungsgebühren ein starker positiver linearer Zusammenhang besteht. Demnach korrespondiert die Änderung der Umsatzerlöse mit der Änderung der Prüfungsgebühren, wobei die Richtung der Änderung für beide Variable stets die gleiche ist. Das bedeutet, dass bei einem Anstieg der Umsatzerlöse, die Prüfungshonorare ebenfalls wachsen.

In einem weiteren Schritt soll untersucht werden, wie gut die unabhängige Variable x, die Umsatzerlöse, die Variabilität des y, der Prüfungsgebühren, erklärt, oder wie viel sie zu den

---

[23] Vgl. Ruhnke, K. (2000), S. 356.

Differenzen in den **y**-Werten beiträgt. Zu diesem Zweck wird das Bestimmtheitsmaß **r²** ausgerechnet. Das Bestimmtheitsmaß oder auch der quadrierte Korrelationskoeffizient, in diesem Fall 0,529, bedeutet, dass etwa 53 % der Variabilität in den Prüfungsgebühren auf die Größe der zu prüfenden Gesellschaft zurückzuführen ist.[24]

Das Diagramm 1 zeigt die Streuung der Prüfungs- und Beratungsaufwendungen der DAX 30-Unternehmen und ihre Regressionsgerade. Die Steigung der Geraden stellt dabei die Änderung in **y** (Prüfungshonorare) bei einer Steigerung um eine Einheit in **x** (Umsatzerlöse) dar. Wenn die Umsatzerlöse um eine Einheit (1 Mio. €) ansteigen, wachsen die Honorare durchschnittlich um 0,0005 Einheiten (500 €).[25] Anhand der Regressionsfunktion können die Prüfungsgebühren geschätzt werden. So müsste ein DAX-30-Unternehmen, welches ca. 20 Mrd. € Umsatzerlöse erwirtschaftet etwa 13 Mio. € für Abschlussprüferhonorare aufwenden.

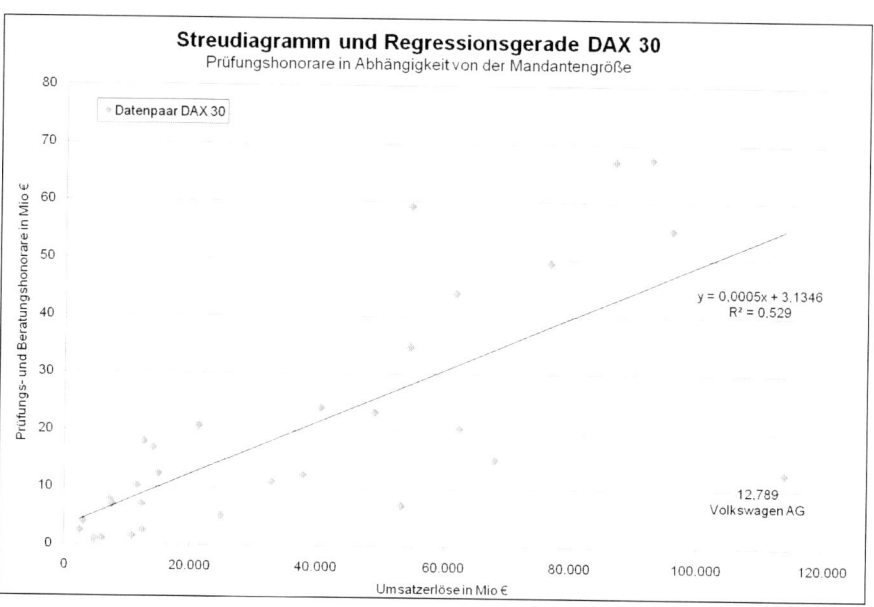

Diagramm 1 "Streudiagramm DAX 30"   Quelle: Eigendarstellung

---

[24] Vgl. Rumsey, D. (2008), S. 99.
[25] Vgl. Rumsey, D. (2008), S. 93.

Des Weiteren wird eine Residuenanalyse durchgeführt und auf diesem Wege die Ausreißer näher bestimmt. Bei dem untersuchten Stichprobenumfang der DAX 30 gab es einen Ausreißer, die *Volkswagen AG*. Der Ausreißer ist im Diagramm 1 ersichtlich, er liegt etwas abseits der Regressionsgeraden. Um zu bestimmen, inwiefern er das gesamte Ergebnis verzerrt, wird zusätzlich eine Regressions- und Korrelationsanalyse ohne den Ausreißer durchgeführt. Der Korrelationskoeffizient **r** steigt im Rahmen der zweiten Analyse von 0,727 auf 0,849. Das Bestimmtheitsmaß **r^2** erhöht sich ebenfalls um 0,19 auf 0,72. Lediglich die Steigung der Geraden verändert sich nur marginal. Insgesamt scheint die angepasste Regressionsgerade das Verhältnis zwischen den Umsatzerlösen und den Prüfungs- und Beratungshonoraren besser zu beschreiben. Daraus resultiert, dass der Ausreißer einen ziemlich großen Einfluss auf die Datenmenge hatte.

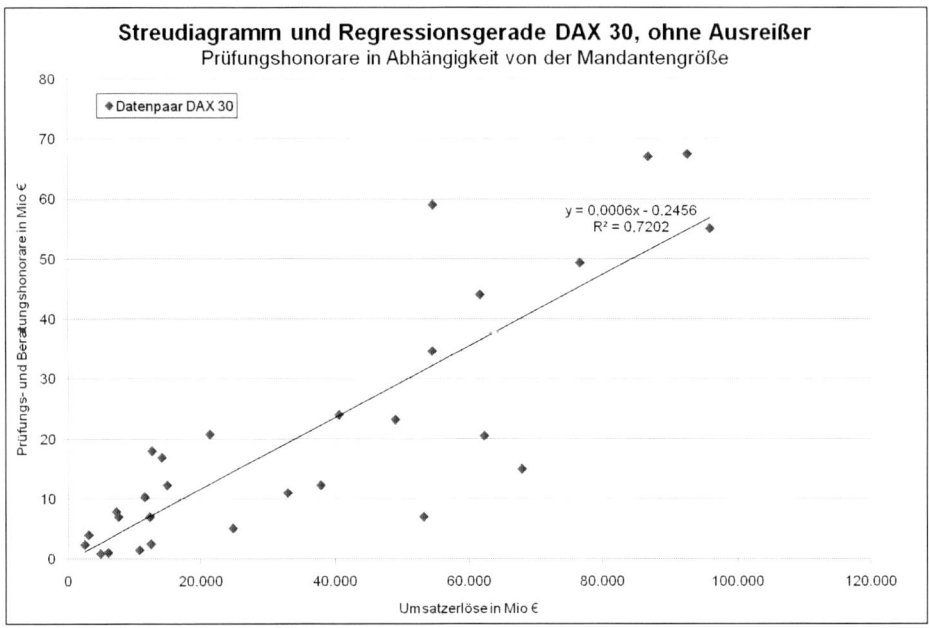

Diagramm 2 "Streudiagramm DAX 30, ohne Ausreißer"   *Quelle: Eigendarstellung*

Die Ursache für den Ausreißer lässt sich nicht mit absoluter Genauigkeit bestimmen. Womöglich bezieht sich die Angabe der *Volkswagen AG* im Geschäftsbericht 2008 lediglich auf die Aufwendungen für die Konzernabschlussprüfung und nicht auf die durch die jeweilige Prüfungsgesellschaft verursachten Aufwendungen mit Bezug auf die Prüfung des gesamten Konzerns inkl. der Tochtergesellschaften, wie es bei anderen börsennotierten Aktiengesellschaften der Fall ist (vgl. Kapitel II.2.). Daher entstand möglicherweise eine so große Diskrepanz zwischen dem erwarteten **y** und dem beobachteten **y**, welche schließlich zur Verzerrung des gesamten Ergebnisses führte.

b) MDAX

Bei Betrachtung des MDAX als Stichprobenumfang stellt sich das Ergebnis anders dar: Der Grad des Zusammenhangs, der Korrelationskoeffizient, zwischen den Umsatzerlösen und den Prüfungsgebühren beträgt 0,582 und somit weitaus weniger als beim DAX 30. Das Bestimmtheitsmaß r^2 in Höhe von 0,339 deutet ebenfalls darauf hin, dass im Börsensegment MDAX neben der Größe des Mandanten noch andere Faktoren existieren, welche die Höhe der Honorare mindestens genauso stark oder gar stärker beeinflussen.

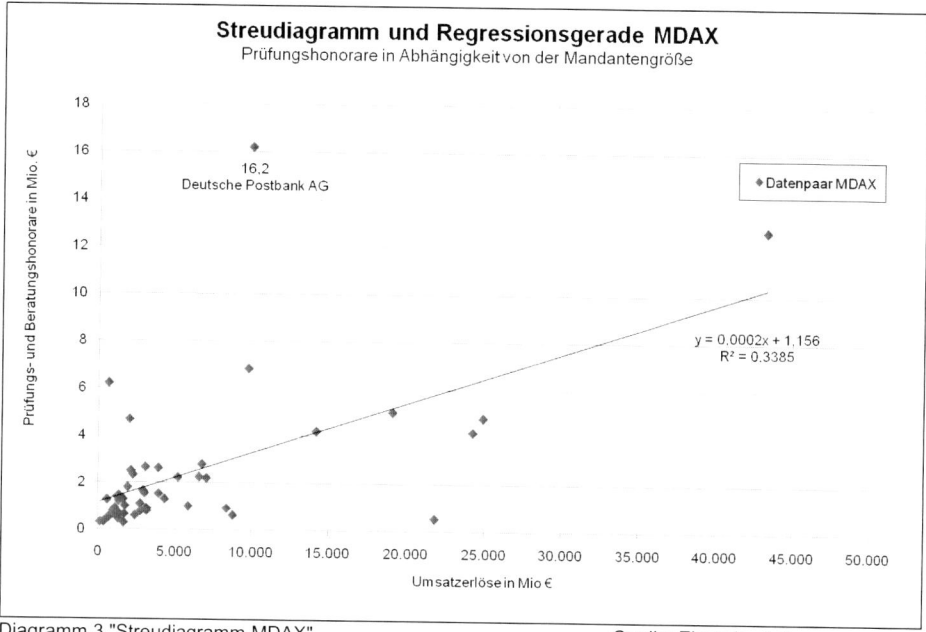

Diagramm 3 "Streudiagramm MDAX" Quelle: Eigendarstellung

Im Rahmen der Analyse des Streudiagramms und der Residuenanalyse kristallisiert sich ein Ausreißer heraus, die *Deutsche Postbank AG*. Nach dessen Bereinigung lässt sich auch hier der große Einfluss des Ausreißers auf das Gesamtergebnis zeigen: Der Korrelationskoeffizient erhöht sich um 0,141 auf 0,723, das Bestimmtheitsmaß steigt um 0,183 auf 0,522.

Trotz der Tatsache, dass die Regressionsgerade nach der Anpassung viel besser die Beziehung zwischen den Umsatzerlösen und den Prüfungsgebühren zu beschreiben scheint, ist das Bestimmtheitsmaß r^2 relativ gering im Vergleich zum r^2 der DAX 30, welches im DAX 30 nach der Bereinigung 72 % der Variabilität in den Prüfungshonoraren erklärt (siehe Tabelle 2, S. 18).

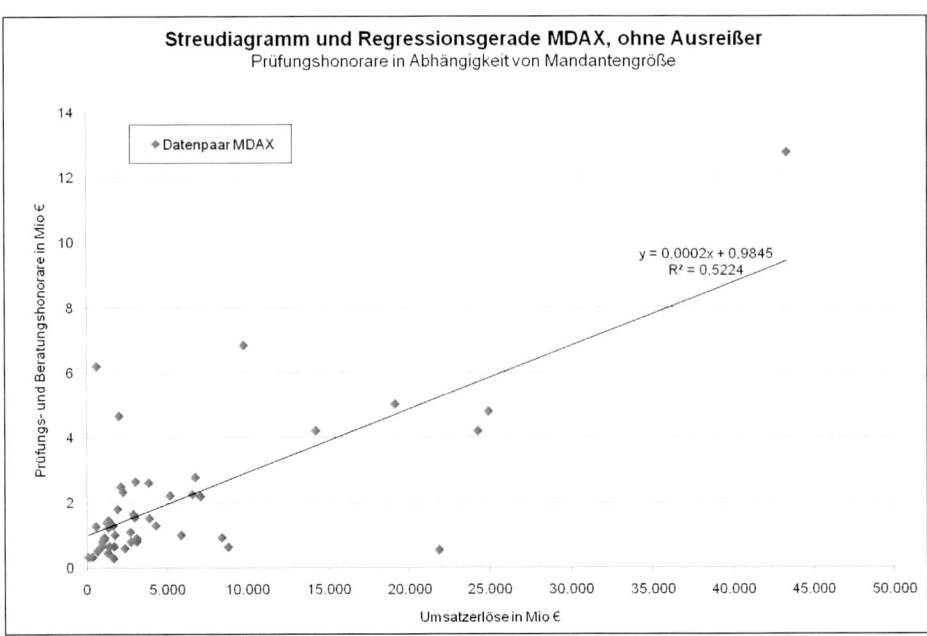

Diagramm 4 "Streudiagramm MDAX, ohne Ausreißer"   Quelle: Eigendarstellung

c) SDAX

Die Regressions- und Korrelationsanalyse im Stichprobenanteil SDAX führt zu den ähnlichen Ergebnissen wie im MDAX. Der Korrelationskoeffizient in Höhe von 0,517 deutet auf einen moderaten Zusammenhang zwischen den beiden Variablen. Das Bestimmtheitsmaß i. H. v. 0,267 ist sehr gering und deutet darauf hin, dass die unabhängige Variable **x**, die Umsatzerlöse, wenig dazu geeignet ist die Variabilität in den **y**-Werten, den Prüfungs- und Beratungshonoraren, zu erklären.

Nach der Ermittlung des Ausreißers, der *GfK SE*, und der Anpassung der Regressionsgeraden steigt jedoch das Bestimmtheitsmaß um 0,299 auf 0,566.

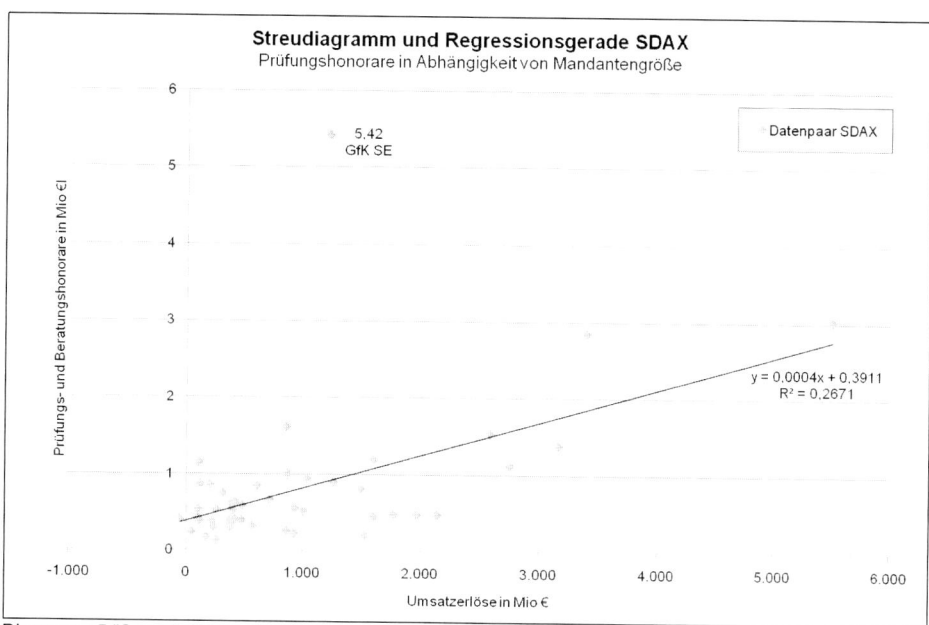

Diagramm 5 "Streudiagramm SDAX" *Quelle: Eigendarstellung*

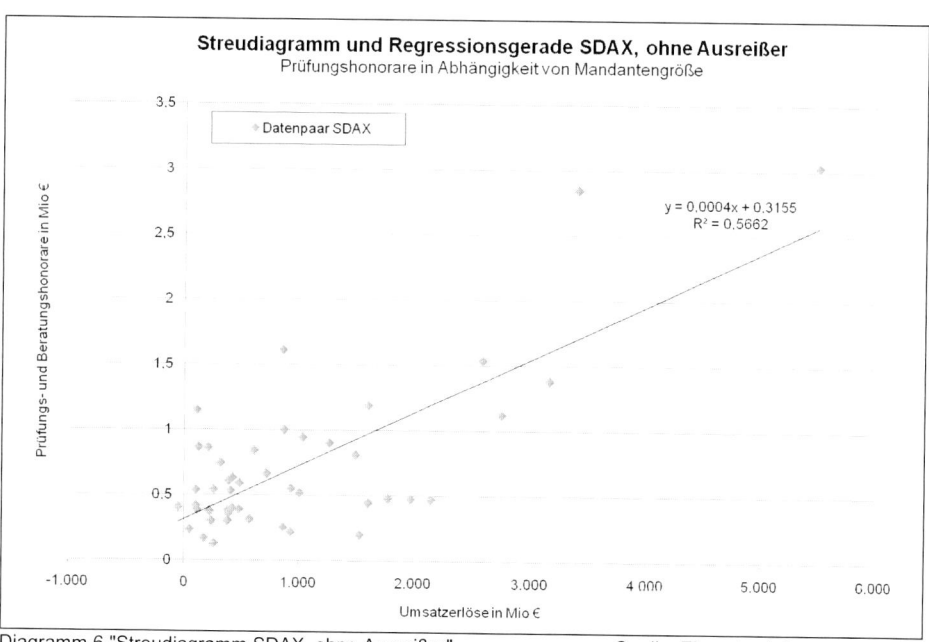

Diagramm 6 "Streudiagramm SDAX, ohne Ausreißer" *Quelle: Eigendarstellung*

Um die ermittelten statistischen Werte besser nachzuvollziehen, wird eine ausführliche Analyse und Interpretation der Ergebnisse im folgenden Abschnitt vorgenommen.

d) Zusammenfassung der gewonnenen Erkenntnisse

Nach der umfassenden Regressions- und Korrelationsanalyse der Prüfungs- und Beratungshonorare in Abhängigkeit von den Umsatzerlösen, kann davon ausgegangen werden, dass die Größe eines Unternehmens, gemessen an den Umsatzerlösen, einen entscheidenden Einflussfaktor bei der Berechnung der Prüfungsgebühren darstellt. Je größer ein Mandant, desto höher ist die Anzahl der durchzuführenden Prüfungshandlungen und damit der Zeitverbrauch einer Prüfung. Die Zeitkomponente spielt eine große Rolle in der Kalkulation des Honorars, das bedeutet, dass mit dem steigenden Zeitaufwand die Höhe der Prüfungshonorare ebenfalls steigt. Zumindest scheint diese Hypothese die starke Korrelation der beiden Variablen in dem DAX-30-Segment zu erklären. Der Korrelationskoeffizient nimmt allerdings von Börsensegment zu Börsensegment ab (vgl. Tabelle 2).

Börsenindiz	R vor Anpassung[26]	R nach Anpassung	R^2 vor Anpassung	R^2 nach Anpassung
DAX 30	0,727	0,849	0,529	0,72
MDAX	0,582	0,723	0,339	0,522
SDAX	0,517	0,752	0,267	0,566

Tabelle 2 "Beziehungsmaße unterteilt nach Börsenindizes"   *Quelle: Eigendarstellung*

Während der angepasste Korrelationskoeffizient in allen Börsensegmenten auf eine starke lineare Beziehung zwischen der abhängigen Variable, Prüfungshonorare, und der unabhängigen Variable, Umsatzerlöse, deutet, verhält sich das Bestimmtheitsmaß anders. Die statistische Messgröße, die den Grad des Einflusses von **x** auf **y** darstellt, reduziert sich mit abnehmender Indexbedeutung. Was ist an der Struktur der MDAX- und SDAX-notierten Gesellschaften anders bzw. warum scheint die Unternehmensgröße hier eine kleinere Rolle bei der Kalkulation der Prüfungshonorare zu spielen?

Möglicherweise werden mit diesen Gesellschaften öfters Pauschalhonorare vereinbart, während die Honorare der Prüfer der DAX-30-Unternehmen mehr von dem tatsächlichen Zeit- und Personalaufwand abhängen. Darüber hinaus werden MDAX und SDAX nicht ausschließlich von Big Four geprüft, wie es bei DAX 30 der Fall ist, hier werden die Mandate unter anderem von Second-Tier-Gesellschaften betreut.[27] Inwiefern die Größe bzw. die Art der Prüfungsgesellschaft einen Einfluss auf die Höhe der Prüfungs- und Beratungshonorare hat, wird jedoch im Kapitel III.1.3. näher analysiert. Die Vermutung liegt nahe, dass die mit-

---

[26] Als Anpassung ist in diesem Fall die Neuberechnung der Regressionsgeraden unter Ausschluss des Ausreißers zu verstehen.
[27] In dem analysierten Datenmaterial beträgt der Anteil der Big Four beim Stichprobenanteil DAX30 - 100 %, bei MDAX – 88 %, bei SDAX – 71 %.

telständischen WP-Kanzleien dazu neigen Pauschalhonorare zu vereinbaren, um auf diesem Wege dem starken Konkurrenzdruck standhalten zu können, während die Big Four sich bei den Preisverhandlungen mehr an dem tatsächlichen Aufwand orientieren. Infolgedessen beeinflusst die Unternehmensgröße die Höhe der Prüfungshonorare von MDAX- und SDAX-Gesellschaften im Vergleich zu DAX 30 nicht so stark.

Als ein weiterer möglicher Einflussfaktor auf die Höhe der Prüfungshonorare soll in dem folgenden Abschnitt die Branchenzugehörigkeit eines Unternehmens untersucht werden.

1.2. Branchenzugehörigkeit der Mandanten

Zusätzlich zu der Unternehmensgröße nennt K. *Ruhnke* den Wirtschaftszweig des Mandanten als einen Aspekt, der bei der Berechnung der Prüfungshonorare ins Gewicht fällt. Die Vermutung liegt nahe, dass je nach Wirtschaftszweig die Komplexität der Jahresabschlussprüfung aufgrund der branchenspezifischen Besonderheiten variiert. Folglich verändert sich auch der Umfang der durchzuführenden Prüfungshandlungen, die ausschlaggebend auf die Höhe der Abschlussprüferhonorare sind.

Die Klassifizierung der untersuchten Unternehmen nach Branchen erfolgte entsprechend der veröffentlichten Gliederung der Deutschen Börse.[28] Einige Sektoren wie z.B. Industriegüter wurden in Subsektoren unterteilt, um eine gewisse Gleichmäßigkeit in der Verteilung innerhalb der einzelnen Merkmalsausprägungen zu erreichen.

Das Diagramm 7 stellt die durchschnittlichen Prüfungs- und Beratungshonorare der Gesellschaften je nach Branchenzugehörigkeit dar. Es ist zu erkennen, dass die durchschnittlich angefallenen Prüfungsgebühren in manchen Wirtschaftszweigen wesentlich höher sind als in anderen. Dies betrifft vor allem die Sektoren Banken, Automobilherstellung, Energieversorgung und Versicherungen. Die Unterschiede lassen sich durch die Komplexität der Prüfung (Banken, Versicherungsdienstleister) oder die Risikoposition des Mandanten (Automobilhersteller, Energieversorger) erklären. So erfordert die Prüfung der Banken und Versicherungsdienstleister die Kenntnis und das Verständnis der umfangreichen spezifischen Vorschriften, wie z.B. Kreditwesengesetz, Finanzdienstleistungsaufsichtsgesetz, Versicherungsaufsichtsgesetz durch die Abschlussprüfer.

Die Automobilherstellung und Energieversorgung unterliegen größeren Marktrisiken, als andere Wirtschaftszweige. Die Automobilhersteller sind stark von der Wirtschaftskrise betroffen, die Energieversorger waren schon immer stark von den politischen Entwicklungen abhängig. Dies macht die Unternehmen in diesen Sektoren zu risikoreichen Mandanten, der Umfang der durchzuführenden Prüfungshandlungen muss entsprechend ausgeweitet wer-

---

[28] http://deutsche-boerse.com/dbag/dispatch/de/kir/gdb_navigation/lc/100_Market_Structure/40_sector_indices/200_DAXsubsector_All [29.01.2010]

den – die Höhe der Prüfungshonorare steigt. Weiterhin sind die durchschnittlichen Prüfungshonorare der allgemeinen Industrieunternehmen auffallend hoch. Bei einer näheren Betrachtung fällt es allerdings auf, dass die *Siemens AG*, die zu den größten Unternehmens Deutschlands zählt, mit 49,3 Mio. € an Prüfungsgebühren den Durchschnitt der Branche „Allgemeine Industrie" ziemlich beeinflusst.

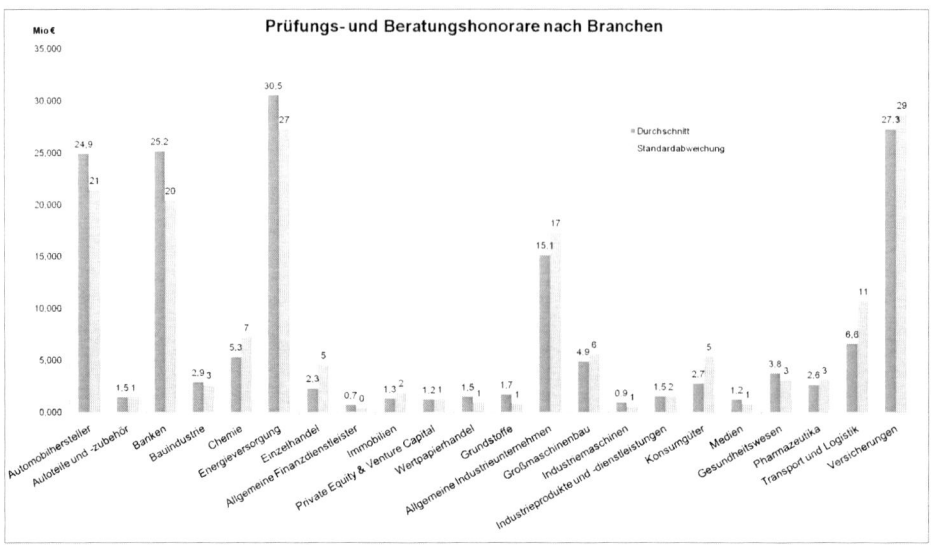

Diagramm 7 "Prüfungs- und Beratungshonorare nach Branchen"   *Quelle: Eigendarstellung*

Allgemein sind die Standardabweichungen, die auf eine hohe Variabilität innerhalb der Marktsektoren hindeuten, in allen Gruppen sehr hoch. Um zu untersuchen, ob trotz der großen Streuung der Werte innerhalb der Gruppen ein Zusammenhang zwischen der Branchenzugehörigkeit eines Mandanten (unabhängige Variable) und der Höhe der Prüfungsgebühren (abhängige Variable) unterstellt werden kann, wird die Stichprobe einer einfaktoriellen Varianzanalyse unterzogen.

Die Sektoren „Nahrungsmittel und Getränke", „Technologie" und „Telekommunikation" werden nicht in die Analyse einbezogen, da sie jeweils nur einen einzigen Beobachtungswert enthalten und somit kein Mittelwert gebildet werden kann, der für das weitere Vorgehen notwendig wäre.

Die Ergebnisse der einfaktoriellen Varianzanalyse sind in der Abbildung 1 dargestellt.

ANOVA			
Streuungsursache	Quadratsummen (SS)	Freiheitsgrade (df)	Mittlere Quadratsumme (MS)
Unterschiede zwischen den Gruppen	7700,044293	21	366,6687758
Innerhalb der Gruppen	11712,87775	101	115,9690866
Gesamt	19412,92204	122	
Streuungsursache	Prüfgröße (F)	P-Wert	kritischer F-Wert
Unterschiede zwischen den Gruppen	3,16178032	5,88486E-05	1,661491229
Innerhalb der Gruppen			

Abbildung 1 "Einfaktorielle Varianzanalyse, Prüfungshonorare in Abhängigkeit von der Branchenzugehörigkeit des Mandanten"
Quelle: Eigendarstellung

Die Streuungsursache „Unterschiede zwischen den Gruppen" erklärt, ob zwischen den einzelnen Branchen ein Unterschied besteht und folglich ein Zusammenhang zwischen der unabhängigen und abhängigen Variablen, die sogenannte erklärte Abweichung, unterstellt werden kann.[29] Die Nullhypothese, die es in diesem Fall anzunehmen oder zu verwerfen gilt, lautet: „Es besteht kein Zusammenhang zwischen der Branchenzugehörigkeit des Unternehmens und der Höhe der Prüfungshonorare". Für die Richtigkeit dieser Hypothese H_0 ist eine Wahrscheinlichkeit von 95 % gefordert, das heißt, dass die Irrtumswahrscheinlichkeit 5 % beträgt oder $α = 0,05$.

Bei der einfaktoriellen Varianzanalyse gibt es zwei Möglichkeiten die Richtigkeit der Nullhypothese festzustellen, den **p**-Wert-Ansatz und die Methode der kritischen Werte.[30] Nach dem **p**-Wert-Ansatz wird die Nullhypothese abgelehnt, falls der zugehörige **p**-Wert kleiner als das vorgegebene α ist. Der **p**-Wert beträgt in diesem Fall 0,0000588[31] oder 0,006 %, welcher wesentlich geringer ist als der Wert der Irrtumswahrscheinlichkeit. Demzufolge kann die Nullhypothese verworfen werden, d.h. dass mit einer Wahrscheinlichkeit von 99,99 % ein starker Zusammenhang zwischen der Branchenzugehörigkeit des Mandanten und der Höhe der anfallenden Abschlussprüfungsaufwendungen besteht.

Die Methode der kritischen Werte lässt denselben Rückschluss zu: Hierbei ist es für die Ablehnung der Nullhypothese allerdings erforderlich, dass die Prüfgröße F größer als der kritische F-Wert ist.

Resultierend aus dieser statistischen Untersuchung kann die Branchenzugehörigkeit der Mandanten als ein signifikanter Einflussfaktor auf die Höhe der Prüfungs- und Beratungshonorare genannt werden.

---

[29] Vgl. Berekoven, L. u.a. (1987), S. 189.
[30] Vgl. Rumsey, D. (2008), S. 188-189.
[31] Dieser Koeffizient wird in *MS Excel* als 5,88E-05 dargestellt.

1.3. Wirtschaftsprüfungsgesellschaften

a) Übersicht der Marktstruktur

Der Prüfungsmarkt ist ein besonderer Markt, in dem das Angebot und die Nachfrage nach einem bestimmten Gut, dem Bestätigungsvermerk eines Abschlussprüfers, zusammentreffen. Das Marktgleichgewicht wird durch die Bildung eines Preises, des Prüfungs- und Beratungshonorars, welches für alle Akteure ökonomisch vertretbar ist, erreicht. „Ein zentrales Merkmal dieses Marktes ist die Freiheit der Marktteilnehmer bei der Wahl ihrer Vertragspartner: Die Nachfrager von Prüfungsleistungen dürfen das Prüfungsunternehmen frei auswählen; die Anbieter von Prüfungsleistungen unterliegen keinem Kontrahierungszwang."[32]

Der Prüfungsmarkt (in seiner vollkommenen Form) unterscheidet sich zu den anderen Märkte: Die treibende Kraft hier ist nicht der Preis, sondern die Qualität der Berichterstattung und der damit verbundene Schutz der Dritte (Bilanzadressate). Der beschriebene Marktmechanismus entspricht der Vorstellung des Gesetzgebers von einem idealen Prüfungsmarkt. Die Marktstruktur ist in der Realität jedoch nicht so harmonisch. Die Nachfrager der Prüfungsleistungen – die Mandanten – sehen in der Abschlussprüfung ein „weitgehend standardisiertes Produkt"[33] und betrachten die Wirtschaftsprüfungsgesellschaften als Anbieter gleichwertiger Leistungen. Ferner stellt für sie die Abschlussprüfung eine lästige Pflicht dar, eine Bürde, die vom Gesetzgeber auferlegt ist, was die Attraktivität der angebotenen Prüfungsleistung extrem beeinträchtigt. Öfters wird von der Prüfung als „commodity", die nur über den Preis gesteuert wird, gesprochen und ihre Funktion als „Anker" für weitere Geschäfte betont. [34]

Des Weiteren ist die Konzentration auf dem Prüfungsmarkt sehr hoch und nimmt stetig zu. Einerseits erhöht sich die Anzahl der zu prüfenden Gesellschaften nur langsam, andererseits wächst die Zahl der Berufsträger – unter anderem auch durch Öffnung des Prüfungsmarktes für ausländische Gesellschaften – kontinuierlich an.[35] Die dadurch entstehenden Überkapazitäten haben ein „Gerangel um die Mandate"[36] der Prüfungsgesellschaften zur Folge. Ein zusätzlicher Druck wird durch die aktuelle Finanzkrise geschaffen. Infolge dessen hat sich die wirtschaftliche Lage vieler Unternehmen verschlechtert, einige Mandanten mussten Insolvenz anmelden. Der Wegfall von Prüfungsaufträgen und der dadurch entstehende Kostendruck führen zu einem aggressiven Kampf. Die Wirtschaftsprüfer unterbieten sich gegenseitig in den Preisen, was nicht selten die Vergabe des Mandats zu Selbstkostenpreisen zur Folge hat. Die niedrigen Honorare sind aber nicht nur das Produkt der Preispolitik der Wirtschaftsprüfungsgesellschaften, sondern entstehen auch durch den erhöhten Preisdruck sei-

---

[32] Kehm, P. (2004), S. 172.
[33] Kehm, P. (2004), S. 172.
[34] Vgl. Ballwieser, W. (2008), Entwicklung und Problemfelder von Wirtschaftsprüfungsgesellschaften, in: Wirtschaftsprüfung im Wandel, S. 8.
[35] Vgl. Kehm, P. (2004), S. 172-173.
[36] Vgl. Fockenbrock, D. / Hannes, M. (2009), S. 14.

tens der Kunden. Dazu schreibt *W. Ballwieser*: „Die Vermarktung von Prüfungsleistungen als „commodity" und die Betonung ihrer Ankerfunktion haben einen für die WP-Gesellschaften schädlichen Preiswettbewerb gefördert, der zur Frage führt, ob sich mit Prüfung noch Geld verdienen lässt."[37] Außerdem werden die Prüfungsaufträge zunehmend von den Einkaufsabteilungen der Unternehmen vergeben, für die der quantitative Aspekt eines Prüfungsauftrages eine größere Rolle als der qualitative spielt.[38]

Die niedrigen Marktpreise und Honorare werden von den Wirtschaftsprüfern als ein großer Behinderungsfaktor bezüglich der Entwicklung und des Erfolgs des Prüfungsunternehmens bewertet.[39] Während es sich die großen Prüfungsgesellschaften noch „leisten" können bei den Verhandlungen bis ans Minimum zu gehen, ist es für die kleineren Gesellschaften nahezu unmöglich ein Honorar anzubieten, welches unter ihrem Deckungsbeitrag liegt. Bei ihnen trägt die gesetzliche Abschlussprüfung den größten Teil zu den Umsatzerlösen bei. Demgegenüber bieten die Big Four ein vielfältiges Leistungsspektrum an: Der Anteil der Wirtschaftsprüfung nimmt weniger als 50 % des Gesamtumsatzes ein, d.h. sie erzielen ihre Gewinne durch beratende Tätigkeiten, sei es Steuer-, Rechts- oder Finanzierungsberatung.[40] Es stellt sich jedoch ein Trend zur Differenzierung der Dienstleistungen und Erweiterung der Angebotspalette auch bei kleineren WP-Gesellschaften heraus. Wie z.B. bei Rölfs WP Partner, die verstärkt Insolvenz- und Sanierungsberatung anbieten.[41] Mit der Erweiterung der Angebotspalette versuchen die Non-Big-Four-Unternehmen ihre Konkurrenzfähigkeit auf dem Markt zu sichern. Nichtsdestoweniger bleibt die Kluft zwischen den großen, mittelgroßen und kleinen WP-Unternehmen deutlich sichtbar, wenn man Platz 1, *PwC*, mit 1,47 Mrd. € Umsatz (in 2008) und Platz 25, *RWT Reutlinger*, mit 19,7 Mio. € erzieltem Umsatz in 2008 vergleicht.[42]

---

[37] Ballwieser, W. (2008), Entwicklung und Problemfelder von Wirtschaftsprüfungsgesellschaften, in: Wirtschaftsprüfung im Wandel, S. 10.
[38] Vgl. Fockenbrock, D. / Hennes. M. (2009), S. 14.
[39] Vgl. Lünendonk-Studie (2009), S. 169-171. Insgesamt wurden 39 Prüfungsgesellschaften zu den Faktoren befragt, welche besonders die Entwicklung und den Erfolg ihres Unternehmens behindern. Die Ausprägung „Niedrige Marktpreise und Honorare" wurde von einer Skala -2 bis +2, wobei -2 „gar kein Problem" und +2 „sehr großes Problem" bedeutet, im Durchschnitt mit 0,9 bewertet.
[40] Vgl. Lünendonk Studie (2009), S. 11, S. 101, S. 225.
[41] Vgl. Fockenbrock, D. / Hannes, M. (2009), S. 14.
[42] Vgl. Lünendonk-Studie (2009), S. 33.

Rang	Unternehmen	Umsatz in Deutschland in Mio. Euro	
		2008	**2007**
1	PwC AG	1.470,0	1.349,0
2	KPMG AG	1.263,0	1.215,4
3	Ernst & Young AG	1.096,9	1.039,2
4	Deloitte & Touche GmbH	779,0	579,0
5	BDO Deutsche Warentreuhand AG	195,1	188,4
6	Rödl & Partner GbR	122,0	117,3
7	Ecovis	102,1	99,0
8	Ebner Stolz Mönning Bachem Partnerschaft	88,0	65,0
9	Rölfs WP Partner AG	78,0	67,6
10	Susat & Partner OHG	51,4	45,5
11	Warth & Klein GmbH	45,5	44,4
12	Mazars Hemmelrath GmbH	42,9	39,8
13	PKF Fasselt Schlage Lang & Stolz Partnerschaft	38,6	39,7
...	...	...	...
24	Curacon GmbH	21,1	18,9
25	RWT Reutlinger Wirtschaftstreuhand GmbH	19,7	19,0

Tabelle 3 "Führende Wirtschaftsprüfungs-Gesellschaften und Steuerberatungen in Deutschland 2008"
Quelle: Lünendonk-Studie (2009), S. 36.

Trotz allem wächst der Prüfungsmarkt, denn die Nachfrage nach Prüfungs- und Beratungsleistungen ist auch 2008 gestiegen. Die Big Four verzeichneten in 2008 im Schnitt ein Wachstum i. H. v. 13 %, die führenden 25 WP-Gesellschaften sind um durchschnittlich 10,4 % gewachsen.[43]

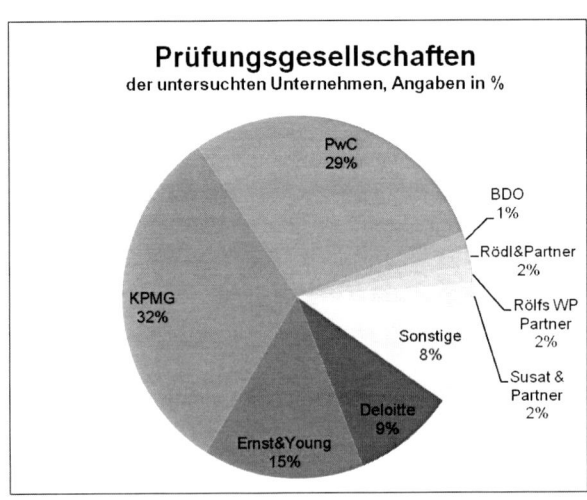

Diagramm 8 "Anbieterstruktur in der Stichprobe"   Quelle: Eigendarstellung

---

[43] Vgl. Lünendonk-Studie (2009), S. 309.

Wie im Kapitel II.3.1. angesprochen, wird der Prüfungsmarkt von Big Four gewissermaßen beherrscht. Das wird auch bei der Darstellung der untersuchten Unternehmen gut erkennbar: 85 % der Gesellschaften werden von der Top 4 geprüft (siehe Diagramm 8). Ob und inwiefern sich dies in der Höhe der Prüfungsgebühren niederschlägt, soll im folgenden Abschnitt untersucht werden.

b) Prüfungshonorare in Abhängigkeit von der Prüfungsgesellschaft

Die Tatsache, dass die Big Four höhere Honorare verlangen, als die mittelständischen WP-Kanzleien, ist allgemein bekannt. *K. Ruhnke* spricht von „premiums"[44] – besonderen Aufschlägen von großen Prüfungsgesellschaften. Ein „premium" kann ein Zuschlag für die „Marke" der großen Kanzlei sein – für den bekannten Namen – oder für ein Merkmal, welches die WP-Gesellschaft von allen anderen unterscheidet, z.B. eine besondere Branchenspezialisierung (so bestrebt z.B. *KPMG* allem Anschein nach beinahe ein Monopol auf dem Prüfungsgebiet von Banken und Versicherungsdienstleistern *Anm. d. Verf.*).

Das Diagramm 9 stellt die durchschnittlichen Prüfungshonorare der in die Untersuchung einbezogenen Unternehmen verteilt nach der Prüfungsgesellschaft dar. Erwartungsgemäß sind die durchschnittlichen Gebühren der Big Four höher als die der Gesellschaften der Zweiten Reihe. Aber auch hier sind die einzelnen Werte in den Gruppen stark um das arithmetische Mittel gestreut. Dies könnte ein Resultat der anderen Einflussfaktoren wie Branche und Größe des Mandanten sein.

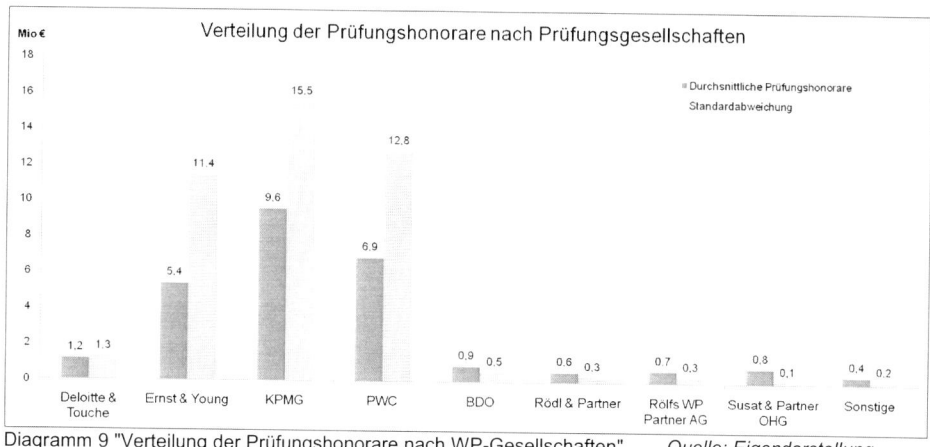

Diagramm 9 "Verteilung der Prüfungshonorare nach WP-Gesellschaften"   *Quelle: Eigendarstellung*

---

[44] Vgl. Ruhnke, K. (2000), S. 356.

Um die Aussage, dass die Art der Prüfungsgesellschaft einen Einfluss auf die Höhe der Prüfungs- und Beratungshonorare ausübt, zu untermauern, wird eine einfaktorielle Varianzanalyse durchgeführt. Hierfür werden die in dieser Thesis vertretenen WP-Gesellschaften in zwei Gruppen aufgeteilt: Big Four und Non-Big-Four. Die Nullhypothese lautet: „Es besteht kein Zusammenhang zwischen der Prüfungsgesellschaft und den anfallenden Honoraren."

Die Irrtumswahrscheinlichkeit α beträgt 5 %. Der ermittelte p-Wert ist kleiner als α, er beträgt lediglich 3 %. Auch nach dem Ansatz der kritischen Werte kann die Nullhypothese H_0 abgelehnt werden, da die Prüfgröße F größer als der kritische F-Wert ist. Dies beweist, dass die Art der Prüfungsgesellschaft, d.h. ob das ein Big Four oder Non-Big-Four-Prüfer ist, als ein weiterer Einflussfaktor bei der Zusammensetzung des Prüfungs- und Beratungshonorars eine Rolle spielt. Die großen WP-Gesellschaften erzielen im Durchschnitt höhere Honorare, als die mittelständischen Kanzleien.

ANOVA			
Streuungsursache	**Quadratsummen (SS)**	**Freiheitsgrade (df)**	**Mittlere Quadratsumme (MS)**
Unterschiede zwischen den Gruppen	699,4282763	1	699,4282763
Innerhalb der Gruppen	19233,29696	127	151,4432831
Gesamt	19932,72523	128	

Streuungsursache	**Prüfgröße (F)**	**P-Wert**	**kritischer F-Wert**
Unterschiede zwischen den Gruppen	4,618417284	0,033527232	3,915726647
Innerhalb der Gruppen			
Gesamt			

Abbildung 2 "Einfaktorielle Varianzanalyse, Prüfungshonorare in Abhängigkeit von der WP-Gesellschaft" *Quelle: Eigendarstellung*

Die Art der Prüfungsgesellschaft als ein Einflussfaktor scheint jedoch bei der Honorarberechnung nicht so stark ins Gewicht zu fallen, als die Branchenzugehörigkeit des Mandanten, wenn die zugehörigen **p**-Werte miteinander verglichen werden. Die Varianzanalyse ermöglicht das Anstellen solcher Vergleiche.[45] Der in dem Kapitel III.1.2. ermittelte **p**-Wert beträgt 0,006 % und ist weitaus geringer als der **p** in Höhe von 3 %, der im Zuge der einfaktoriellen Analyse in diesem Abschnitt errechnet wurde. Daraus lässt sich schließen, dass zwischen dem Faktor Branche und den Prüfungsgebühren eine höhere Korrelation besteht und dass ein Abschlussprüfer nicht immer nur aufgrund seiner Zugehörigkeit zu einer der Big Four zwangsläufig höhere Honorare bekommt.

In dem nächsten Abschnitt sollen die WP-Gesellschaften weiter auf ihren Einfluss auf die Prüfungsgebühren untersucht werden. Es wird analysiert, ob und wie stark sich die Aufwen-

---

[45] Vgl. Berekoven, L. u.a. (1987), S. 188.

dungen für die Abschlussprüfung bei einem Mandanten nach einem Prüferwechsel verändern.

c) *Kosteneffekte des Prüferwechsels*

Innerhalb des betrachteten Zeitraums (fünf Jahre) haben 28 von insgesamt 127 untersuchten Gesellschaften einen Prüferwechsel vorgenommen. Ein Prüferwechsel bedeutet eine Neuvergabe des Prüfungsauftrags, d.h. dass die prüfungspflichtige Gesellschaft ihren bisherigen Abschlussprüfer für die neue Prüfungsperiode nicht wieder bestellt hat.

Untersucht werden konnten jedoch nur 22 Fälle von Prüferwechsel, da in den übrigen sechs die Aufwendungen für die Prüfungs- und Beratungshonorare in den Geschäftsberichten nicht angegeben waren und somit eine Basis für weitere Vergleiche gefehlt hat.

Börsensegment	DAX 30	MDAX	SDAX	Summe
Anzahl untersuchter Fälle von Prüferwechsel	4	7	11	22

Tabelle 4 "Anzahl untersuchter Fälle von Prüferwechsel" *Quelle: Eigendarstellung*

Die Verteilung nach der Art des Prüferwechsels ist in der nachfolgenden Tabelle dargestellt.

Art des Prüferwechsels	Innerhalb von Big Four	Innerhalb von mittelst. WPG	Von Big Four zu mittelst. WPG	Von mittelst. WPG zu Big Four	Summe
Anzahl	17	1	1	3	22
In %	77,3 %	4,5 %	4,5 %	13,6 %	100 %

Tabelle 5 "Untersuchte Arten von Prüferwechsel" *Quelle: Eigendarstellung*

Wie aus der Tabelle 5 zu entnehmen ist, fanden 77,3 % aller Prüferwechsel innerhalb der Big Four statt. Der Wechsel von Big Four zu einer mittelständischen Prüfungsgesellschaft oder umgekehrt fand hingegen nur vier Mal statt.

Es stellt sich die Frage warum die prüfungspflichtigen Gesellschaften, die zuvor von einer der Big Four betreut wurden, wieder zu einer der Big Four wechseln, obwohl die Betreuung von einer mittelständischen WP-Gesellschaft auf den ersten Blick günstiger erscheint. Die wichtigste Ursache hierfür liegt sicherlich in der Ressourcenkapazität einer großen WP-Gesellschaft. Eine mittelständische WP-Kanzlei hätte Schwierigkeiten ausreichend Personal, welches zudem auch über notwendiges Know-how verfügt, für die Abschlussprüfung eines größeren DAX-Mandanten zur Verfügung zu stellen. Daher ist ein Wechsel zu einer kleineren Prüfungsgesellschaft oftmals ausgeschlossen. Als weitere Argumente für die Big Four werden „... Kompetenz der Großen Vier, die weltweite Vertretung, das spezifische Know-how bei US GAAP und IFRS, die Zugänge zur SEC und anderen politischen bedeutsamen

Gremien wie IASB oder IOSCO sowie die personelle Verflechtung bei Aufsichtsorganen zu prüfender Gesellschaften."[46] genannt. „…Weiterhin versprechen sich viele Unternehmen von einem Testat einer Big-Four-Gesellschaft eine höhere Glaubwürdigkeit der veröffentlichten Informationen am Kapitalmarkt als von einem Testat einer Non-Big-Four-Gesellschaft."[47] Die Abschlussprüfung von einer der Big Four ist demnach auch eine Prestigefrage.

Die möglichen Ursachen für den Prüferwechsel wurden bereits in den zahlreichen empirischen Analysen ausführlich erläutert. Als Beispiele seien hier Unzufriedenheit mit der Prüfungsqualität[48], zusätzliche Serviceleistungen des „neuen" Prüfers oder Börsengang des Unternehmens genannt. Unter den ökonomischen Aspekten wurde am häufigsten die Unzufriedenheit mit der Höhe der Prüfungsgebühren angeführt.[49] Das Ziel dieser Thesis ist jedoch keine Kausalanalyse, sondern die Darstellung der Auswirkungen des Prüferwechsels auf die Höhe der Abschlussprüferhonorare.

In 16 von 22 analysierten Fällen bewirkte der Prüferwechsel eine Senkung der Prüfungsgebühren: In 38 % hiervon kam es sogar zu einer Minderung von über 50 %.

Zur weiteren Analyse werden die Honorare entsprechend der Aufteilung nach § 314 Abs. 1 Nr. 9 HGB gegliedert. Am häufigsten war die Verringerung der Aufwendungen für die Abschlussprüferhonorare für die Verringerung der gesamten Prüfungsgebühren verantwortlich. In zehn von insgesamt 22 untersuchen Fällen sanken die Honorare für die Abschlussprüfung um mehr als 20 %. Vorausgesetzt, dass die Komplexität der Prüfung, die Risikoposition des Mandanten und die anderen Einflussfaktoren, die *Ruhnke* in *„Normierung der Abschlussprüfung"* [50] nennt, gleich geblieben sind oder sich nur marginal verändert haben, lässt dies den Rückschluss auf die aggressive Akquisitionspolitik der Big-Four-Gesellschaften zu. Wie bereits im Abschnitt 1.3.A. dieses Kapitels angesprochen, werben diese oft die Mandanten mit „Schnäppchenpreisen"[51] an, erhöhen ihre Entgelte jedoch im Laufe der Zeit, worauf explizit im Kapitel II.3.4. der vorliegenden Thesis eingegangen wird.

Besonders auffallend sind die Fälle von Prüferwechsel bei *Beiersdorf AG*, *Symrise AG* und *Jungheinrich AG*. *Beiersdorf* wechselte im Jahr 2006 von *BDO* zu *Ernst & Young* und somit von Second Tier zu einer der Big Four. *Ernst & Young*, wie jede andere Big Four auch, verlangt im Schnitt deutlich höhere Prüfungs- und Beratungshonorare als eine mittelständische WP-Gesellschaft (siehe Abschnitt 1.3.B in diesem Kapitel). Trotz dieser Tatsache haben sich

---
[46] Ballwieser, Wolfgang (2008), Entwicklung und Problemfelder von Wirtschaftsprüfungsgesellschaften, in: Wirtschaftsprüfung im Wandel, S. 10.
[47] Braunsdorf, Andreas (2008), S. 43.
[48] Das bekannteste Beispiel hierfür ist sicherlich der kürzlich stattgefundene Prüferwechsel bei *Siemens AG*, die in Folge einer Korruptionsaffäre sich von ihrem langjährigen Prüfer *KPMG* verabschiedet hat.
[49] Vgl. Marten, Kai-Uwe (1995), S. 717; Coenenberg, A. / Marten, Kai-Uwe (1993), S. 106.
[50] Vgl. Ruhnke, K. (2000), S. 356.
[51] Vgl. Fockenbrock, D. / Hennes, M. (2009), S. 14.

die Gesamtaufwendungen für Abschlussprüfung nach Prüferwechsel bei *Beiersdorf* um 77 % verringert. Zum Teil kann der Rückgang durch den Wegfall von Aufwendungen für sonstige Bestätigungs- und Bewertungsleistungen sowie sonstige Leistungen erklärt werden, was bei genauer Betrachtung bei Prüferwechsel nicht außergewöhnlich ist. Ebenfalls leicht lässt sich auch die Senkung der Aufwendungen für die Steuerberatungsleistungen durch Vergabe des Steuerberatungsauftrags an Dritte erklären.[52] Wie kommt jedoch ein 75-prozentiger Rückgang von Honoraren für die Abschlussprüfung zustande? Zur näheren Erläuterung der Zusammensetzung der Prüfungs- und Beratungshonorare sind weder Prüfungsgesellschaften noch prüfungspflichtige Unternehmen verpflichtet, was einen großen Spielraum für Vermutungen jeglicher Art bildet. Eine naheliegende Ursache stellt die Dumping-Preispolitik der Big Four dar. Damit versuchen sie die Konkurrenz vom Markt zu drängen, um sich so langfristig die größten Marktanteile zu sichern.

Ein ähnliches Bild gestaltet sich auch bei *Jungheinrich AG*, wo ein Prüferwechsel von *PwC* zu *Deloitte & Touche* in 2006 stattgefunden hat. Hier sanken die Kosten für die Konzernabschlussprüfung um 63 %.

Ein anderes Beispiel ist die *Symrise AG*, die im Jahr 2007 den Prüfungsauftrag zu Gunsten von *KPMG* neu vergeben hat. Der ehemalige Abschlussprüfer, *Ernst & Young*, hat für die Prüfung des Konzernabschlusses zum 31.12.2006 ca. sechs Mio. € an Honoraren bezogen, wobei 27 % davon auf die unmittelbare Abschlussprüfung entfielen. In dem Geschäftsbericht zum 31.12.2007 wurde aber lediglich eine Mio. € an Gesamtaufwendungen für Prüfungs- und Beratungshonorare ausgewiesen, was einen Rückgang i. H. v. 80 % bedeutet. Die Auslagen für die Prüfung des Konzernabschlusses fielen um fast 50 %, was wiederum die Frage nach den zweifelhaften Taktiken der großen WP-Gesellschaften aufwirft.

In den Fällen, in denen die Aufwendungen für Prüfungs- und Beratungshonorare nach einem Prüferwechsel gestiegen sind, lässt sich die Steigerung meist durch die Inanspruchnahme der Steuerberatungsleistungen oder sonstigen Bestätigungs- und Bewertungsleistungen erklären, während sich die Auslagen für Honorare für die Abschlussprüfung nur marginal verändert haben.

In dem Fall der *BASF-Gruppe* sind die Honorare für die Abschlussprüfung nach dem Prüferwechsel im Jahr 2006 um 87 % gestiegen. Der Geschäftsbericht liefert Aufschluss über den Grund gestiegener Aufwendungen: „Der Anstieg im Jahr 2006 resultiert aus der Abschluss-

---

[52] Möglich wäre auch, dass *BDO* weiterhin als Steuerberater für *Beiersdorf* tätig ist.

prüfung der neu akquirierten Gesellschaften und der erstmaligen Prüfung zahlreicher voll konsolidierter Gesellschaften durch den Prüfer der BASF-Gruppe."[53]

Abschließend kann feststellt werden, dass der Prüferwechsel in den meisten Fällen eine Minderung der Aufwendungen für Prüfungs- und Beratungshonorare mit sich bringt. Die Änderung beruht größtenteils auf den gesunkenen Honoraren für die Abschlussprüfung – teilweise sogar um ein Drittel der ursprünglichen Auslagen. Solche Diskrepanzen bestätigen die Tatsache, dass die Mandanten auf dem Prüfungsmarkt aggressiv umworben werden (vgl. Abschnitt 1.3.A. in diesem Kapitel). Da die Prüfungsgebühren oft die bedeutendste Entscheidungsdeterminante bei der Vergabe des Prüfungsauftrags darstellen, unterbieten sich die WP-Gesellschaften gegenseitig und versuchen mit Dumpingpreisen das Mandat zu akquirieren.

1.4. Zusammenfassung

Die in diesem Kapital durchgeführten statistischen Analysen bestätigen den Einfluss bestimmter Faktoren wie Unternehmensgröße, Branchenzugehörigkeit des Mandanten sowie Größe der WP-Gesellschaft auf die Höhe der Prüfungsgebühren. Zwischen den untersuchten Determinanten, die stets als unabhängige Variable betrachtet wurden, und den Abschlussprüferhonoraren bestehen positive lineare Zusammenhänge.

Die abgeleiteten Feststellungen dürfen allerdings nicht getrennt voneinander betrachtet werden: Erst das Zusammenspiel aller Einflussfaktoren bestimmt die Höhe, die Struktur sowie das Verhalten der Prüfungs- und Beratungshonorare. Außerdem existieren immer noch Reststörgrößen, unerklärliche externe und interne Einflüsse, die das Ergebnis verzerren können. Die möglichen internen Einflüsse sind z.B. eine Änderung in der Unternehmensorganisation, durchgeführte oder geplante Umstrukturierungsmaßnahmen sowie eine Neuvergabe des Prüfungsauftrages an einen neuen Prüfer. Zu den externen Einflüssen zählt jede Änderung in den politischen, rechtlichen und gesellschaftlichen Rahmenbedingungen, von denen oftmals die Risikoposition des Mandanten unmittelbar abhängt. Somit konnten mit Hilfe geeigneter statistischer Methoden drei von fünf von *K. Ruhnke* genannten möglichen Einflussfaktoren[54]: Größe des Mandanten und der Prüfungsgesellschaften, Branchenzugehörigkeit des Mandanten auf ihre unmittelbare Wirkung auf die Höhe der Prüfungsgebühren bestätigt werden. Die Wirkung der weiteren zwei Faktoren, Risikoposition des Mandanten sowie Komplexität der Prüfung, kann zwar aufgrund ihrer Unmessbarkeit empirisch nicht nachgewiesen werden, jedoch spielen sie zweifellos ebenfalls eine große Rolle bei der Berechnung der Prüfungshonoraren.

---

[53] Vgl. Geschäftsbericht der BASF-Gruppe zum 31.12.2006, S. 158, aufrufbar unter http://www.basf.com/group/corporate/de/function/conversions:publish/content/about-basf/facts-reports/reports/ZOAC0702E_Financial_Report_2006.pdf.
[54] Vgl. Ruhnke, K. (2000), S. 356.

2. Interdependenzanalyse der Honorarkomponenten

Die Bilanz- und Korruptionsskandale der letzten Jahre entfachten eine Diskussion über die Unbefangenheit des Abschlussprüfers und die Vereinbarung von Prüfung und Beratung desselben Mandanten. Zum Einen besteht das Selbstprüfungsverbot des Wirtschaftsprüfers, welches bei Erbringen beratender Dienstleistungen verletzt werden könnte. Das Verbot ist in § 319 HGB festgelegt und untersagt die Prüfung der Jahresabschlüsse, bei dessen Erstellung der Wirtschaftsprüfer mitgewirkt hat. Die Mitwirkung des Wirtschaftsprüfers kann sich auch in beratender Tätigkeit äußern, deren Ergebnisse sich unmittelbar im Jahresabschluss niederschlagen. „Zum anderen steht im Interesse der öffentlichen Diskussion das Verhältnis der Honorareinnahmen aus Prüfungs- und prüfungsfremden Leistungen. Dabei wird bei bestimmten Größenordnungen prüfungsfremder Leistungen ein wirtschaftliches Eigeninteresse des Prüfers angenommen, das ihn an der Abgabe eines kritischen Prüfurteils hindern könnte."[55] Dieses Problem wurde zum Teil durch die Pflicht zur Offenlegung der Honorare des Abschlussprüfers gelöst. Auf diese Weise soll die Öffentlichkeit über die Angemessenheit des Verhältnisses von prüfungsnahen und prüfungsfremden Honoraren entscheiden.[56]

Die Größenordnungen prüfungsfremder Leistungen, welche die Wirtschaftsprüferkammer in ihrer Stellungnahme vom 08.10.2002 anspricht, sind jedoch nicht genau festgelegt. Auch die Angemessenheit des Verhältnisses der Honorare für Abschlussprüfung und der Honorare für sonstige Leistungen liegt im Ermessen der Öffentlichkeit. Welcher Anteil der sonstigen Leistungen an dem Gesamthonorar ist nun akzeptabel und in welcher Relation sollen sie zu den unmittelbaren Prüfungshonoraren stehen? In diesem Abschnitt werden die Honorare für prüfungsnahe und prüfungsfremde Leistungen auf ihre gegenseitige Abhängigkeit analysiert. Des Weiteren soll das Verhältnis zwischen den beiden Komponenten näher untersucht werden.

Einen ersten Überblick über die Struktur der Honorare in den einbezogenen Börsenindizes liefert das Diagramm 10. Es stellt die durchschnittlichen Bezüge eines Abschlussprüfers für unterschiedliche Leistungskategorien gemäß § 314 Abs. 1 Nr. 9 HGB dar.

Erwartungsgemäß nimmt die Höhe der durchschnittlichen Honorarkomponenten mit abnehmender Indexbedeutung (d.h. DAX 30, MDAX, SDAX) ab. So betragen die durchschnittlichen Aufwendungen für die unmittelbare Abschlussprüfung bei DAX 30 13,8 Mio. €, MDAX 1,5 Mio. € und SDAX 0,5 Mio. €. Die Honorare für sonstige Leistungen verhalten sich ähnlich: DAX 30 1,6 Mio. €, MDAX 0,2 Mio. €, SDAX 0,2 Mio. €. Um eine bessere Vergleichbarkeit zwischen den Werten in den einzelnen Börsensegmenten zu erzielen, wurden prozentuale

---

[55] Stellungnahme der WPK vom 08.10.2002, S.2.
[56] Vgl. Stellungnahme der WPK vom 08.10.2002, S.3.

Relationen zu den gesamten durchschnittlichen Honoraren gebildet. Diese sind in der Abbildung 3 dargestellt.

Struktur der Prüfungs- und Beratungshonorare nach Börsenindizes

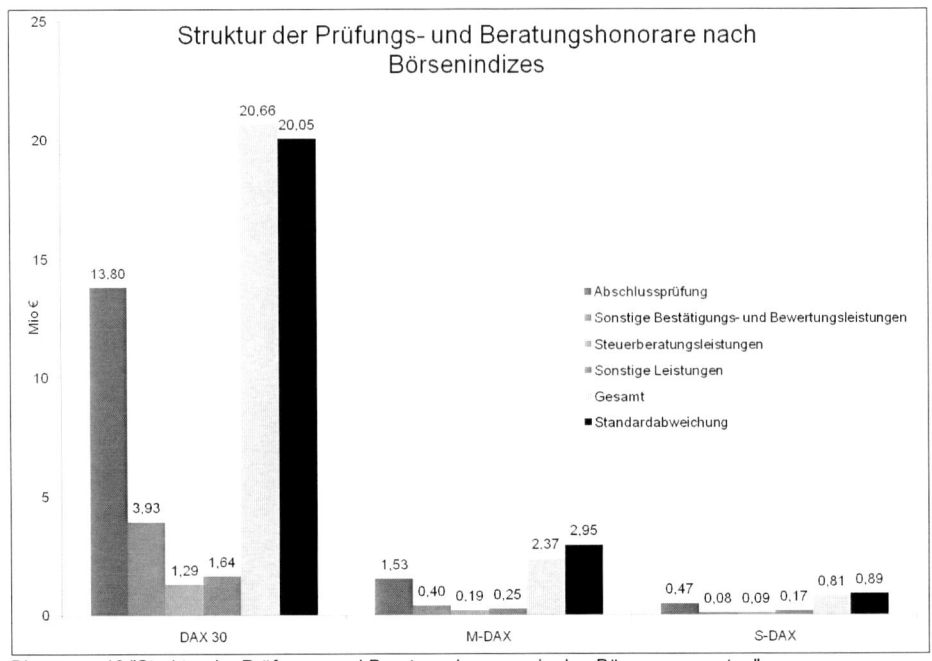

Diagramm 10 "Struktur der Prüfungs- und Beratungshonorare in den Börsensegmenten"
Quelle: Eigendarstellung

Honorarstruktur in den Börsensegmenten										
Börsen-segment	Durchschnittliche Aufwendungen in Mio €								Gesamt	Standard-abweichung
	Abschlussprüfung		So. Best.- u. Bew.lstg.		Steuerberatungslstg.		sonstige Leistungen			
	Mio €	% *	Mio €	%	Mio €	%	Mio €	%		
DAX 30	13,8	66,80%	3,928	19,02%	1,288	6,24%	1,641	7,94%	20,656	20,051
M-DAX	1,529	64,49%	0,404	17,04%	0,1923	8,11%	0,246	10,38%	2,371	2,953
S-DAX	0,4707	58,11%	0,076	9,38%	0,09	11,11%	0,173	21,36%	0,81	0,888

* jeweils in % von der Gesamtsumme

Abbildung 3 "Struktur der Prüfungs- und Beratungshonorare in den Börsensegmenten"
Quelle: Eigendarstellung

Hieraus lässt sich ableiten, dass trotz der wertmäßigen Minderung der einzelnen Honorarkomponenten, ihr Verhältnis zu den Gesamtbezügen bei einigen von ihnen mit abnehmender Indexbedeutung zunimmt. Dies ist bei den Steuerberatungsleistungen und den sonstigen Leistungen der Fall. Während der Anteil der sonstigen Leistungen an dem Gesamthonorar im DAX 30 8 % beträgt, macht er im SDAX bereits 21 % der gesamten Bezüge aus. Der Anteil der Abschlussprüfungsleistungen sinkt dementsprechend, die gesamte Aufteilung verschiebt sich zu Gunsten der Honorare für die sonstigen Leistungen. Bei einer näheren Betrachtung fällt jedoch auf, dass ein Wert das Ergebnis des SDAX beeinflussen könnte: Die *GfK SE*, die im Geschäftsjahr 2008 1,1 Mio. € für die unmittelbare Abschlussprüfung und 3,8 Mio. € für sonstige Leistungen von ihren Abschlussprüfern aufgewendet hat. Die sonstigen Leistungen betragen in diesem Fall fast 70 % von dem Gesamthonorar. Der Geschäftsbericht liefert aber eine Erklärung zu dem Missverhältnis: „Die sonstigen Leistungen betreffen insbesondere Beratungsleistungen im Zusammenhang mit dem nicht erfolgten Merger mit Taylor Nelson Sofres plc, London, Großbritannien."[57] Um zu überprüfen, in wie weit dieser Wert die Ergebnisse verzerrt, wird dieser entfernt. Der durchschnittliche Anteil der sonstigen Leistungen an dem Gesamthonorar im Segment SDAX sinkt auf 13,5 % (vgl. Abbildung 4). Die Differenz zu den anderen beiden Segmenten wird geringer. Nach der Bereinigung des SDAX um die Werte der *GfK SE* kann die Veränderung der prozentualen Anteile der sonstigen Leistungen am Gesamthonorar von Segment zu Segment allenfalls als moderat bezeichnet werden, das Ergebnis erscheint realistischer. Eine Verschiebung zu Gunsten der Steuerberatungsleistungen und der sonstigen Leistungen ist aber nach wie vor sichtbar.

Börsen-segment	Honorarstruktur in den Börsensegmenten, bereinigt um *GfK SE*									Standard-abweichung
	Durchschnittliche Aufwendungen in Mio €								Gesamt	
	Abschlussprüfung		So. Best.- u. Bew.lstg.		Steuerberatungslstg.		sonstige Leistungen			
	Mio €	% *	Mio €	%	Mio €	%	Mio €	%		
DAX 30	13,80	66,80%	3,93	19,02%	1,29	6,24%	1,64	7,94%	20,66	20,05
M-DAX	1,53	64,49%	0,40	17,04%	0,19	8,11%	0,25	10,38%	2,37	2,95
S-DAX	0,46	64,19%	0,08	10,96%	0,08	11,24%	0,10	13,48%	0,71	0,59

* jeweils in % von der Gesamtsumme

Abbildung 4 "Struktur der Prüfung- und Beratungshonorare in den Börsensegmenten, bereinigt um GfK SE"
Quelle: Eigendarstellung

Was könnte der Grund für eine derartige Entwicklung sein? Wie im Kapitel III.1.1.D angesprochen, liegt die Vermutung nahe, dass mit abnehmender Indexbedeutung die Pauschalhonorare in einem immer größeren Umfang vereinbart werden. Da die Pauschalhonorare aber insgesamt ein Risiko darstellen, dass die erwartete Gewinnmarge des Abschlussprüfers aufgrund unvorhergesehener Umstände, die den Prüfungsaufwand erhöhen, niedriger ausfällt, versuchen die Abschlussprüfer möglicherweise dem entgegenzuwirken, indem sie mehr Beratungsverträge abschließen. Dieser Effekt wird dadurch verstärkt, dass die großen Aktiengesellschaften über eigene Kapazitäten verfügen – hausinterne Unternehmensberatungen bzw. die Beratungsleistungen von anderen, speziell darauf ausgerichteten Un-

---

[57] Geschäftsbericht *GfK SE* zum 31.12.2008, S. 133, aufrufbar unter
http://www.gfk.com/imperia/md/content/financial_reports/gfk_gb_2008_deutsch.pdf.

ternehmen beziehen. Für die kleinen Gesellschaften ist es jedoch günstiger sich von ihrem Abschlussprüfer beraten zu lassen, was zu dem relativ großen Anteil der sonstigen Leistungen an dem Gesamthonorar führt.

Eine ausführlichere Analyse des Verhältnisses der Abschlussprüfungsleistungen zu den sonstigen Leistungen wird in den nächsten Abschnitten vorgenommen. Analog zu den vorhergehenden Kapiteln, wurde die Stichprobe nach den Börsensegmenten aufgeteilt.

2.1. DAX 30

Der erste Schritt bei der Analyse der Honorarstruktur der DAX 30-Prüfer ist die Berechnung des pearsonschen Korrelationskoeffizienten, um zu ermitteln, ob ein linearer Zusammenhang zwischen den Honoraren für die Abschlussprüfung und für sonstige Leistungen unterstellt werden kann. Der Koeffizient **r** beträgt 0,24, was auf einen schwachen linearen Zusammenhang hindeutet. Das Bestimmtheitsmaß r^2, welches ein Indikator für die Eignung des Modells (d.h. die Funktion der Regressionsgeraden, siehe Kapitel II.4.1.) ist, beträgt 0,06, das bedeutet, dass zwischen den beiden Komponenten so gut wie kein (zumindest linearer) Zusammenhang besteht.

Um zu überprüfen, welcher Regressionstyp die Abhängigkeit der beiden Variablen am besten beschreibt, wird die Gerade im Streudiagramm im *MS Excel* solange variiert, bis das höchst mögliche Bestimmtheitsmaß r^2, 0,2, erreicht wird. Auf diesem Wege wird festgestellt, dass eine Polynomfunktion des dritten Grades das geeignetste Modell zu sein scheint.

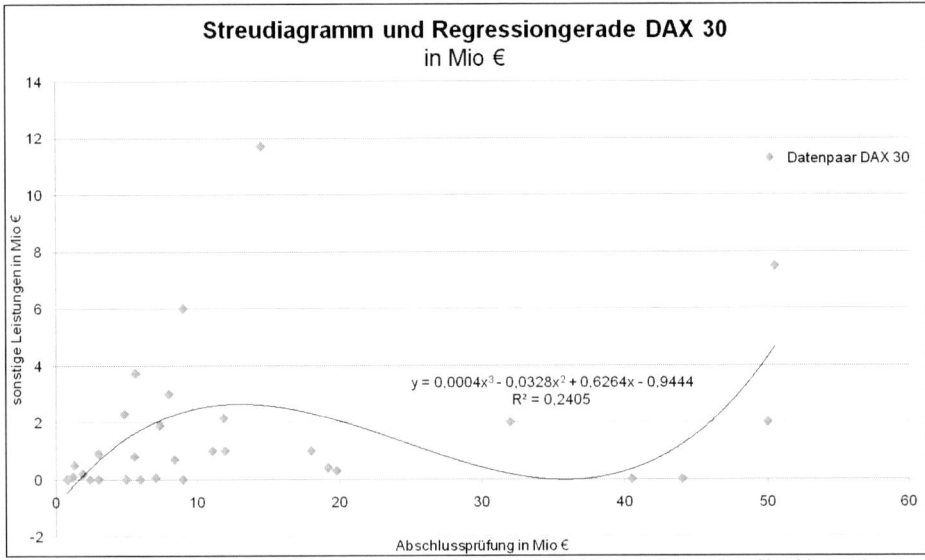

Diagramm 11 "Streudiagramm DAX 30, sonstige Leistungen in Abhängigkeit von den Abschlussprüfungsleistungen" *Quelle: Eigendarstellung*

Wie aus der Polynomfunktion auf dem Diagramm 11 ersichtlich ist, ist der Verlauf der Honorare für sonstige Leistungen in Abhängigkeit von den Honoraren für Abschlussprüfung eher wellenförmig. Es lässt sich keine klare Aussage bezüglich des ihres weiteren Verlaufs ableiten. Da das Bestimmtheitsmaß auch bei diesem Modell sehr gering ist – 0,2 – sind weitere Verfahren notwendig, um die Honorarkomponenten auf ihre gegenseitige Abhängigkeit zu testen.

Für die Zwecke der weiteren Analyse werden die Daten zunächst gruppiert und in einer Kreuztabelle angeordnet. Auch beim Betrachten der Kreuztabelle fällt der nichtlineare Zusammenhang der beiden Honorarkomponenten auf. Die Werte scheinen eher zufällig und ohne einen erkennbaren Trend in den Gruppen eingeordnet zu sein. Die Annahme, dass mit dem Anstieg der Abschlussprüfungsleistungen die sonstigen Leistungen ebenfalls wachsen, kann nicht bestätigt werden. Zusätzlich zu der Kreuztabelle werden Cluster gebildet: es werden die Honorare für sonstige Leistungen auf ihre Abhängigkeit von den Honoraren für die Abschlussprüfung untersucht. Hierfür werden zunächst die Durchschnitte der jeweiligen Werte in der Kategorie Abschlussprüfung errechnet und anschließend die Durchschnitte der zugehörigen Werte der sonstigen Leistungen. Die Größe der Cluster bildete die Anzahl der Elemente innerhalb einer Gruppe.

Cluster DAX 30			
Klasse	ø Abschlussprüfung	ø sonstige Leistungen	Anzahl
bis 2,5 Mio. €	1,41	0,13	6
2,5 -5 Mio. €	3,98	0,80	4
5 -7,5 Mio. €	6,34	1,29	5
7,5 -10 Mio. €	8,60	2,43	4
10 -12,5 Mio. €	11,67	1,39	3
12,5 -15 Mio. €	14,50	11,70	1
17,5 -20 Mio. €	19,00	0,57	3
ab 20 Mio. €	43,40	2,30	5

Tabelle 6 "Cluster DAX 30"　　　　　　　　　　　　　　　　　　　*Quelle: Eigendarstellung*

Auf dem Diagramm 12, welches die in der Tabelle 6 gebildeten Gruppen der Abschlussprüfungsleistungen und die zugehörigen Werte der sonstigen Leistungen grafisch darstellt, kristallisieren sich zwei eindeutige Ausreißer heraus: Dabei handelt es sich um die Gruppen „Abschlussprüfungsleistungen ab 20 Mio. €" und „Abschlussprüfungsleistungen von 12,5 Mio. € bis inkl. 15 Mio. €". In der ersten Gruppe „Abschlussprüfungsleistungen ab 20 Mio. €" sind die Werte ziemlich stark gestreut, was das Ergebnis verzerrt. Die zweite

Gruppe enthält nur einen einzigen Wert, d.h. es gab nur ein Unternehmen im DAX 30, welches für die unmittelbare Abschlussprüfung zwischen 12,5 und 15 Mio. € aufgewendet hat.

Cluster DAX 30
Sonstige Leistungen in Abhängigkeit von Abschlussprüfung

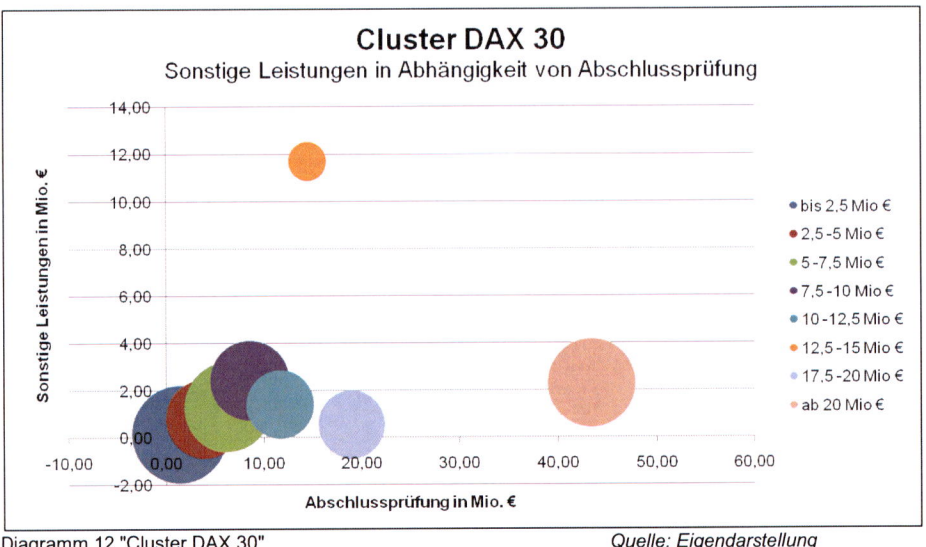

Diagramm 12 "Cluster DAX 30" Quelle: Eigendarstellung

Beim Ausblenden der genannten Ausreißer (Diagramm 13) wird die Beziehung zwischen den beiden Komponenten etwas deutlicher. Bis zu einer gewissen Höhe der Honorare für Abschlussprüfung – 10 Mio. € - steigen die Honorare für sonstige Leistungen ebenfalls stetig nach oben. Ab 10 Mio. € aufwärts sinkt jedoch der Durchschnitt der sonstigen Leistungen in den jeweiligen Gruppen. Die Durchschnitte der beiden Leistungskategorien in dem Cluster, der sozusagen die Schwelle darstellt, betragen 8,6 Mio. € für die Abschlussprüfung und 2,43 Mio. € für sonstige Leistungen oder 3,5 zu 1. Danach steigt das Verhältnis: Von 8,4 zu 1 in der Klasse „10 -12,5 Mio. €" zu 33 zu 1 in der Klasse „17,5 – 20 Mio. €". Das Verhältnis des gesamten DAX 30-Segments sind durchschnittlich 13,8 Mio. € an Aufwendungen für Abschlussprüfung zu durchschnittlich 1,641 Mio. € an Aufwendungen für sonstige Leistungen oder 8,4 zu 1. Dies lässt den Rückschluss zu, dass der Aufsichtsrat, der für die Vergabe des Prüfungsauftrages zuständig ist, ein Verhältnis von 3,5 zu 1 noch als unbedenklich empfindet und erst ab einer gewissen Höhe der Honorare für Abschlussprüfung, das bedeutet wenn die Unabhängigkeit des Prüfers aufgrund der höheren Zahlungen gefährdet ist, den Anteil der sonstigen Leistungen reduziert. Damit kann die Vermutung, die bei der Einführung in diesen Abschnitt aufgestellt wurde, bestätigt werden: Ab einer bestimmten Höhe der Abschlussprüfungsleistungen bevorzugen die großen Aktiengesellschaften sich von externen Dienstleistern beraten zu lassen bzw. nehmen ihre eigene Hausberatung in Anspruch. Diese Wahl wird nicht nur aus Kostengesichtspunkten getroffen, sondern um der Gefahr der Befangenheit des Abschlussprüfers bewusst entgegenzuwirken.

Cluster DAX 30, ohne Ausreißer
Sonstige Leistungen in Abhängigkeit von Abschlussprüfung

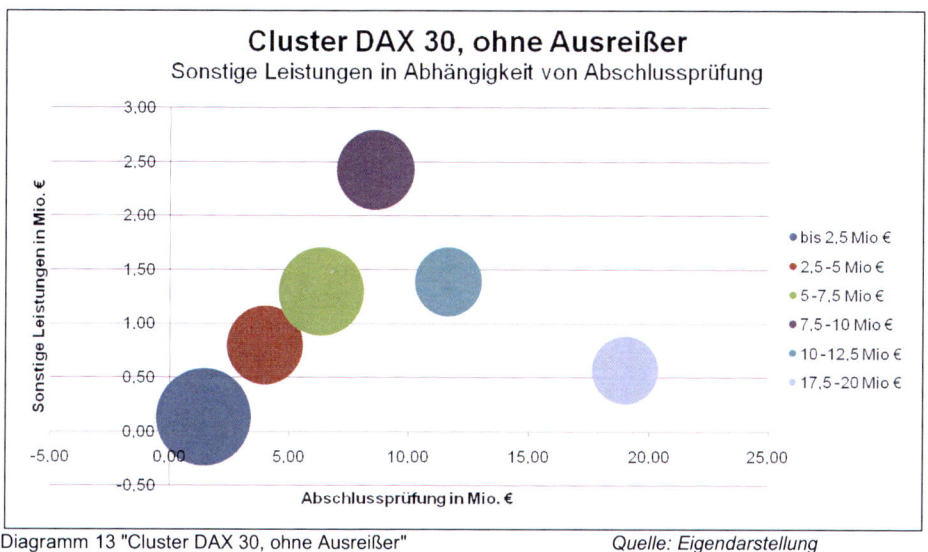

Diagramm 13 "Cluster DAX 30, ohne Ausreißer" Quelle: Eigendarstellung

Je mehr Honorare ein Wirtschaftsprüfer von einem Mandanten bezieht, desto abhängiger wird er, die Objektivität bei der Abschlussprüfung und die nötige Distanz könnten in diesem Fall nicht gewährleistet werden. Des Weiteren ist oftmals bei der Beratung ein Spezialwissen erforderlich, über welches ein Abschlussprüfer nicht zwangsläufig verfügt. In manchen Sachverhalten legen vor allem Fremdkapitalgeber einen großen Wert auf die Meinung unabhängiger fremder Dritter, was ebenfalls zu einer Reduktion der Inanspruchnahme beratender Leistungen von einem Abschlussprüfer führt.

Ob sich diese Tendenz auch in den anderen Börsensegmenten fortsetzt und folglich eine allgemeingültige Aussage getroffen werden kann, soll in den nächsten zwei Abschnitten analysiert werden.

2.2. MDAX

Das Vorgehen bei der Interdependenzanalyse der Honorarkomponenten sonstige Leistungen und Abschlussprüfung im Börsenindiz MDAX ist analog zu DAX 30 im vorhergehenden Abschnitt. Der pearsonsche Korrelationskoeffizient **r** beträgt 0,56, folglich ist im Segment des MDAX die Linearität der Beziehung zwischen den beiden Leistungskategorien deutlich stärker ausgeprägt. Jedoch beschreibt auch hier eine Polynomfunktion des 3. Grades viel besser die Abhängigkeit der sonstigen Leistungen von der Abschlussprüfung: Das Bestimmtheitsmaß r^2 steigt während der Variation der Regressionsgeraden im Streudiagramm von 0,31 bei der linearen Form auf 0,79 bei der Polynomfunktion. Auf den ersten Blick erscheinen die Schwankungen der Regressionskurve nicht so hoch wie die der DAX 30. Es gibt allerdings einen sichtlichen Ausreißer: Das Datenpaar „7,2; 3,2" – die *Deutsche Postbank AG*, welche im Geschäftsjahr 2008 sonstige Leistungen in Höhe von 3,2 Mio. € von PwC bezogen hat, ca. 20 % des Gesamthonorars.

Streudiagramm und Regressionsgerade MDAX in Mio €

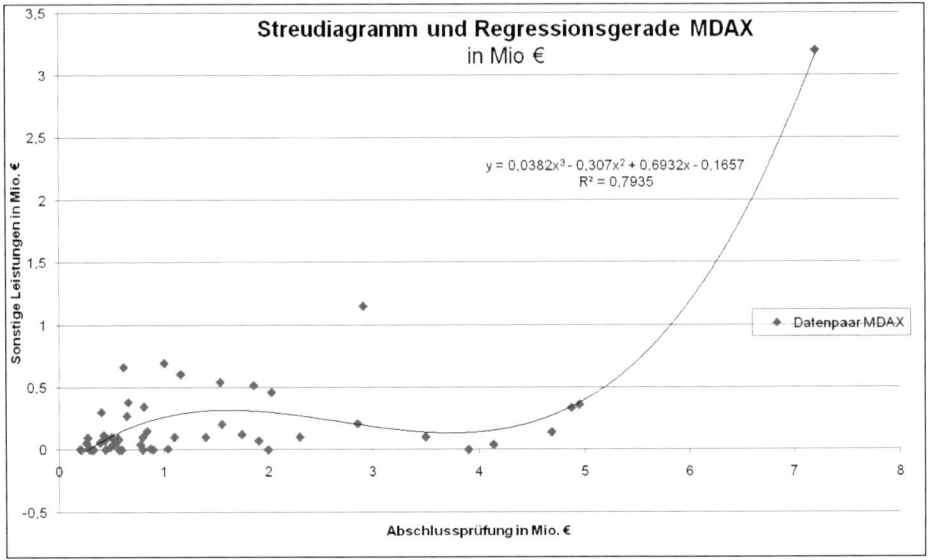

$y = 0{,}0382x^3 - 0{,}307x^2 + 0{,}6932x - 0{,}1657$
$R^2 = 0{,}7935$

Diagramm 14 "Streudiagramm MDAX, sonstige Leistungen in Abhängigkeit von den Abschlussprüfungsleistungen" *Quelle: Eigendarstellung*

Allgemein jedoch ist die Anzahl der Gesellschaften, deren sonstige Leistungen mehr als 20 % des Gesamthonorars betragen, im MDAX viel höher als im DAX 30. Im Falle der *Praktiker Holding AG* beträgt der Anteil der sonstigen Leistungen sogar 43 %, mehr als die Aufwendungen für die unmittelbare Abschlussprüfung, dessen Anteil bei 41 % liegt. Bei solchen Verhältnissen stellt sich natürlich die Frage nach der Unbefangenheit und der Unabhängigkeit des Abschlussprüfers von dem Mandant. Wie können diese gewährleistet werden, wenn die Abschlussprüfer den größten Teil ihrer Honorare aus prüfungsfremden Dienstleistungen beziehen?

Analog zum Abschnitt 2.1. dieses Kapitels wird die Abhängigkeit der sonstigen Leistungen von der Abschlussprüfung mit Hilfe einer Clusteranalyse untersucht. Die Tabelle 7 zeigt die für die Clusteranalyse gebildeten Durchschnitte der Abschlussprüfungsleistungen in der jeweiligen Klasse und den zugehörigen Mittelwirt der sonstigen Leistungen.

Cluster MDAX			
Klasse	ø Abschlussprüfung	ø sonstige Leistungen	Anzahl
bis 0,3 Mio. €	0,26	0,03	5
0,3 - 0,6 Mio. €	0,48	0,07	13
0,6 - 0,9 Mio. €	0,77	0,20	10
0,9 - 1,2 Mio. €	1,08	0,35	4
1,2 - 1,5 Mio. €	1,40	0,10	1
1,5 -1,8 Mio. €	1,62	0,29	3
1,8 - 2,1 Mio. €	1,95	0,26	4
2,1 - 2,4 Mio. €	2,30	0,10	1
2,7 - 3 Mio. €	2,88	0,68	2
ab 3 Mio. €	4,75	0,60	7

Tabelle 7 "Cluster MDAX"   Quelle: Eigendarstellung

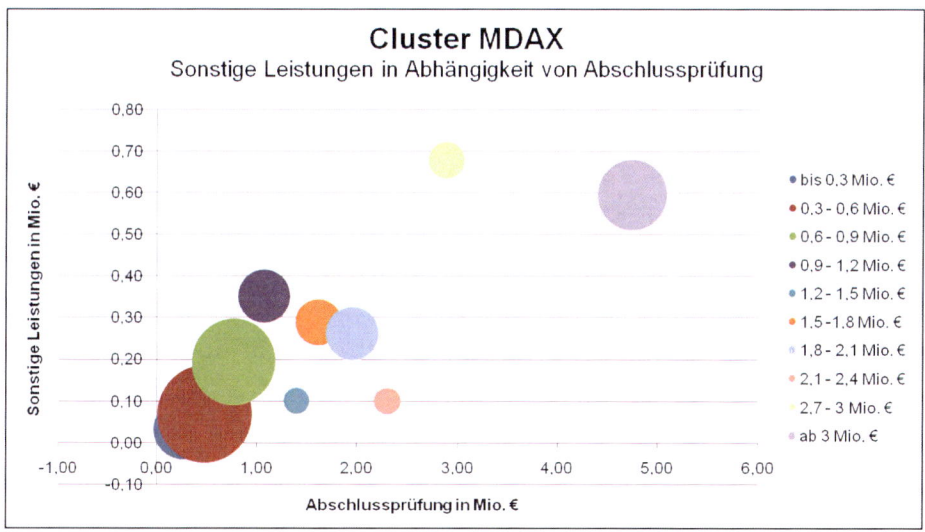

Diagramm 15 "Cluster MDAX"   Quelle: Eigendarstellung

Das Diagramm 15 stellt die gebildeten Cluster dar. Die Größen der Cluster sind recht unterschiedlich, ihr Verlauf jedoch ähnelt dem der DAX 30. Auch hier sind einige Ausreißer sichtbar. Die Klassen „ab 3 Mio. €", „2,7 – 3 Mio. €" sowie die Klassen „1,2 – 1,5 Mio. €" und „2,1 – 2,4 Mio. €", die jeweils nur einen Wert enthalten und daher keine repräsentative Aussage über ihre Struktur getroffen werden kann. Die Streuung in den beiden erstgenannten Klassen ist ziemlich hoch, daher liegen ihre Cluster etwas außerhalb in der Grafik und ohne einen erkennbaren Zusammenhang mit den anderen. Nach der Eliminierung der Ausreißer wird es deutlich, dass im MDAX, ähnlich wie im DAX 30, ab einer bestimmten Höhe der Honorare für Abschlussprüfung, ab 1,2 Mio. €, die Honorare für sonstige Leistungen sinken: Auch im MDAX bevorzugen die Unternehmen in diesem Fall Beratungsaufträge an externe

Dienstleister zu vergeben oder an hausinterne Berater. 28 von insgesamt 50 analysierten MDAX-Gesellschaften, die die ersten vier Cluster darstellen, oder 56 % der Stichprobe, wenden für prüfungsfremde Leistungen ihrer Abschlussprüfer durchschnittlich 0,11 Mio. € auf. Dabei beträgt der durchschnittliche Anteil der sonstigen Leistungen an dem Gesamthonorar ca. 11 % beim durchschnittlichen Anteil der Aufwendungen für die unmittelbare Abschlussprüfung in Höhe von ca. 67 %. Diese Verhältnisse überschreiten nur geringfügig die Durchschnitte der gesamten Gruppe MDAX (vgl. Abbildung 3, Seite 32).

Cluster MDAX, ohne Ausreißer
Sonstige Leistungen in Abhängigkeit von Abschlussprüfung

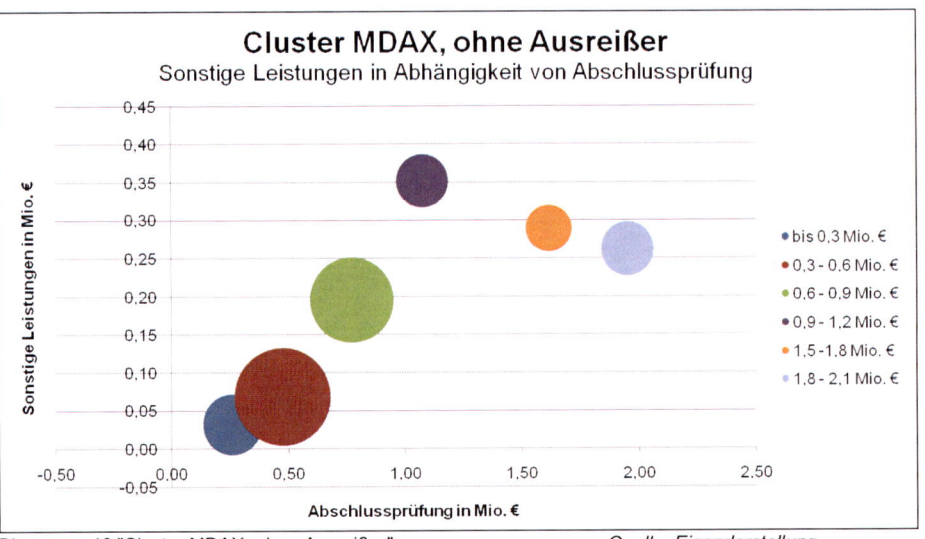

Diagramm 16 "Cluster MDAX, ohne Ausreißer"　　　　　　　　　Quelle: Eigendarstellung

Die übrigen 44 %, die sich auf die restlichen Cluster (inkl. Ausreißer) verteilen, nehmen durchschnittlich 0,4 Mio. € an sonstigen Leistungen in Anspruch, deutlich mehr als die Unternehmen in den ersten vier Clustern. Hierbei darf allerdings nicht vergessen werden, dass die Cluster aufsteigend nach den Honoraren für die Abschlussprüfung geordnet sind und dass die allgemeine Tendenz der kongruente Anstieg der beiden Leistungskategorien ist. Relevant ist in dem Fall das Verhältnis der Honorarkomponenten zueinander. Ausgehend von dem Diagramm 16 ist das Verhältnis in dem „Schwellencluster" „0,9 – 1,2 Mio. €" durchschnittlich 1,08 Mio. € an Honoraren für Abschlussprüfung zu durchschnittlich 0,35 Mio. € an Honoraren für sonstige Leistungen oder fast 3 zu 1, was bedeutet, dass die Honorare für Abschlussprüfung die Honorare für sonstige Leistungen in dem Cluster durchschnittlich ums Dreifache übersteigen. In dem nächsten Cluster „1,5 – 1,8 Mio. €" ist das Verhältnis höher: Die Aufwendungen für die Abschlussprüfung bilden durchschnittlich das Sechsfache der sonstigen Leistungen. Letztendlich beträgt das Verhältnis in der Klasse „1,8 – 2,1 Mio. €" 7,5 zu 1. Bei der Betrachtung der gesamten MDAX-Gruppe übersteigen die Aufwendungen für die Abschlussprüfung durchschnittlich ums Sechsfache die Honorare für sonstige Leistungen (vgl. Abbildung 3, Seite 32).

Das Ergebnis aus dem vorigen Abschnitt „DAX 30" wird hier nochmals bestätigt. An dieser Stelle soll jedoch angemerkt werden, dass die Relationen der analysierten Leistungskategorien im MDAX niedriger sind als im DAX 30. Während es im „Schwellencluster" im DAX 30 3,5 zu 1 bei einer Gesamtrelation 8,4 zu 1 sind, sind es im Segment MDAX 3 zu 1 bei einer Gesamtrelation 6 zu 1. Ob die sinkenden Relationen mit abnehmender Indexbedeutung ein Trend sind oder die Entwicklung eher zufälliger Natur ist, soll von den Ergebnissen des nächsten Abschnittes abhängig gemacht werden.

2.3. SDAX

Der Korrelationskoeffizient im SDAX ist mit 0,36 – wie in den anderen beiden Segmenten ebenfalls – relativ niedrig.

Streudiagramm und Regressionsgerade SDAX
in Mio €

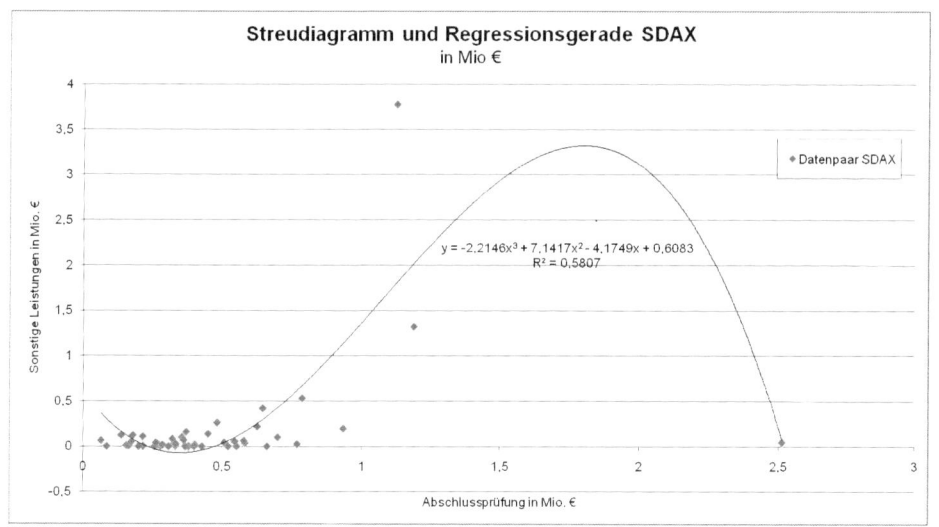

$y = -2,2146x^3 + 7,1417x^2 - 4,1749x + 0,6083$
$R^2 = 0,5807$

Diagramm 17 "Streudiagramm SDAX, sonstige Leistungen in Abhängigkeit von Abschlussprüfungsleistungen" *Quelle: Eigendarstellung*

Ebenfalls beschreibt hier die Polynomfunktion des dritten Grades die Abhängigkeit der Honorare für sonstige Leistungen von den Honoraren für Abschlussprüfung am besten: Nach der Variierung der Regressionsgeraden wird ein höchstmögliches Bestimmtheitsmaß r^2 in Höhe von 0,58 erreicht.

Für die Clusteranalyse werden folgende Klassen gebildet, die in der Tabelle 8 dargestellt sind.

Cluster SDAX			
Klasse	ø Abschlussprüfung	ø sonstige Leistungen	Anzahl
bis 0,1 Mio. €	0,08	0,03	2
0,1 - 0,2 Mio. €	0,17	0,05	6
0,2 - 0,3 Mio. €	0,26	0,03	7
0,3 - 0,4 Mio. €	0,36	0,04	13
0,4 - 0,5 Mio. €	0,44	0,11	4
0,5 - 0,6 Mio.€	0,55	0,03	6
0,6 - 0,7 Mio. €	0,66	0,18	4
0,7 - 0,8 Mio. €	0,78	0,28	2
ab 0,8 Mio. €	1,44	1,34	4

Tabelle 8 "Cluster SDAX" Quelle: Eigendarstellung

Die Unterschiede zu DAX 30 und MDAX werden auf dem Diagramm 18 deutlich.

Cluster SDAX
Sonstige Leistungen in Abhängigkeit von Abschlussprüfung

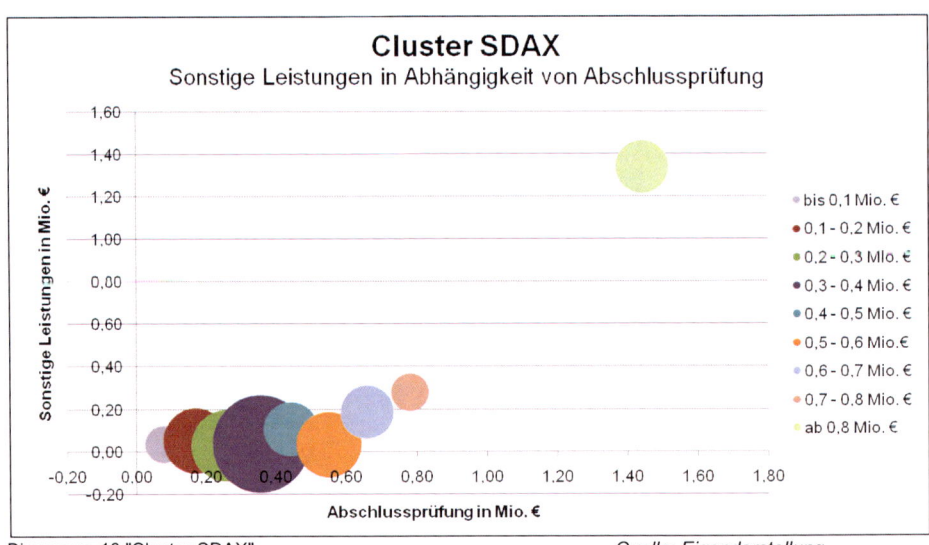

Diagramm 18 "Cluster SDAX" Quelle: Eigendarstellung

Es wird ersichtlich, dass die Honorare für sonstige Leistungen sich scheinbar unabhängig von der Entwicklung der Honorare für Abschlussprüfung auf demselben Niveau bewegen. Ab 0,6 Mio. € an Aufwendungen für Abschlussprüfung ist ein leichter Anstieg der Aufwendungen für sonstige Leistungen bemerkbar. Nach der Entfernung des Ausreißers, des Clusters „ab 0,8 Mio. €", wird deutlich, dass die Entwicklungen der Cluster im SDAX unterschiedlich zu den Entwicklungen im DAX 30 und MDAX verlaufen. Der Umfang der Inanspruchnahme der sonstigen Leistungen ist bis zu einer gewissen Höhe der Abschlussprüfungsleistungen gleich hoch: In fünf der acht Clustern, ausgehend von dem Diagramm 19, betragen die Aufwendungen für sonstige Leistungen 0,3 – 0,5 Mio. €. Die beiden Komponenten scheinen unabhängig voneinander zu sein, dies belegen auch die Verhältniszahlen: Von 2,3 zu 1 im Cluster

„bis 0,1 Mio. €" bis 9,7 zu 1 im Cluster „0,3 -0,4 Mio. €". Vorausgesetzt, dass die Höhe der Aufwendungen für die Abschlussprüfung einen unmittelbaren Rückschluss auf die Größe des Mandanten erlaubt (vgl. Abschnitt 1.1. dieses Kapitels), könnte die Ursache der festgestellten Entwicklung darin liegen, dass der Umfang der Beratung bis zu einer gewissen Mandatsgröße gering ist bzw. dass bestimmte Beratungsleistungen erst für größere Unternehmen interessant werden.

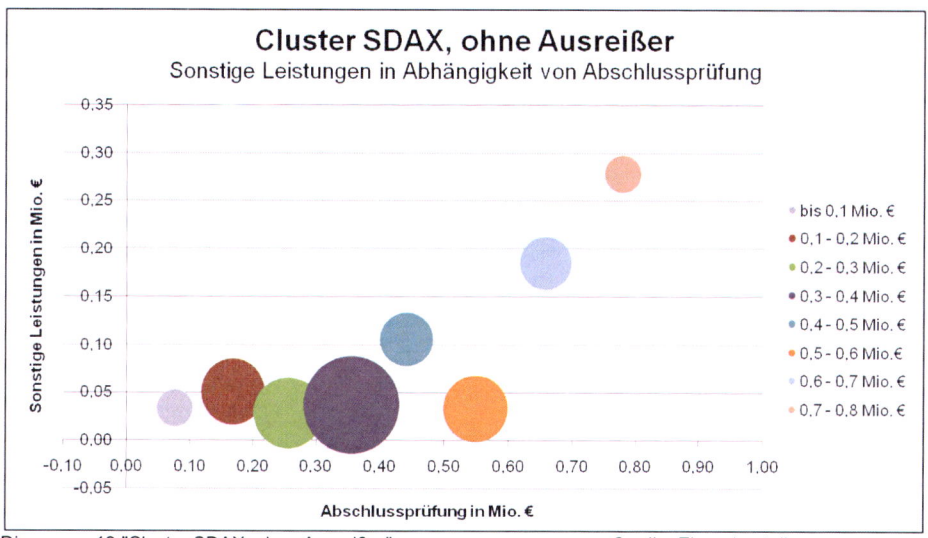

Diagramm 19 "Cluster SDAX, ohne Ausreißer" Quelle: Eigendarstellung

Ab dem Cluster „0,5 – 0,6 Mio. €" steigt die Abhängigkeit der sonstigen Leistungen von den Aufwendungen für Abschlussprüfung sichtlich an, je höher die Honorare für Abschlussprüfung, desto größer der Umfang der Inanspruchnahme der sonstigen Leistungen. Das Verhältnis zwischen den Leistungskategorien sinkt ebenfalls: Von 16,5 zu 1 in der Klasse „0,5 – 0,6 Mio. €" bis 2,8 zu 1 in der Klasse „0,7 – 0,8 Mio. €". In dem gesamten Segment SDAX übersteigen die Aufwendungen für die Abschlussprüfung im Durchschnitt ums 2,7fache die Aufwendungen für sonstige Leistungen. Ohne die *GfK SE*, die in der Einleitung zu diesem Abschnitt als Ausreißer identifiziert wurde, ist die durchschnittliche Relation der analysierten Honorarkomponenten 4,6 zu 1. Ein Trend zur Verschiebung der Honorarkomponenten zu Gunsten der sonstigen Leistungen im Segment SDAX wurde bereits bei der Einführung in diesen Abschnitt festgestellt. Der mögliche Grund hierfür wurde ebenfalls bereits genannt: Die kleineren DAX-Unternehmen bevorzugen sich von ihrem Abschlussprüfer beraten zu lassen. Womöglich ist die Bindung zwischen dem Abschlussprüfer und dem Mandanten in SDAX viel höher. Dafür spricht auch der größere Umfang der Steuerberatungsleistungen, als in den anderen Börsensegmenten (vgl. Abbildung 4, S. 33). Daraus lässt sich ableiten, dass die Abschlussprüter den kleineren Gesellschaften ein Rundum-Service, d.h. alle Leistungen aus einer Hand, anbieten. Ob dies eine Gefahr für die Unabhängigkeit des Abschlussprüfers darstellt bzw. ab welchen Relationen der Prüfungshonorare zu Honoraren für prüfungsfremde Leistungen von einem Missverhältnis gesprochen werden kann, liegt weiterhin im Ermessen der Öffentlichkeit.

2.4. Zusammenfassung

Im Jahr 2004 analysierten *Hansrudi Lenz* und *Michael Bauer* die Prüfungs- und Beratungshonorare börsennotierter deutscher Aktiengesellschaften. Unter anderem betrug der Anteil der Honorare für Abschlussprüfung an dem Gesamthonorar rund 64 %. „Insgesamt deuten diese Resultate auf keine übermäßige Gefährdung der Unabhängigkeit des Abschlussprüfers aufgrund des (hohen) Ausmaßes der angebotenen Beratungsleistungen hin."[58] Im Jahr 2006 führten *Lenz, H., Möller, M., Höhn, B.* eine vergleichbare Studie durch und analysierten die Abschlussprüferhonorare bei DAX-Unternehmen im Geschäftsjahr 2005. Der Anteil der Honorare für die Abschlussprüfung betrug rund 66 % an dem Gesamthonorar. Auch sie kamen zu dem Entschluss, dass der hohe prozentuale Anteil der Aufwendungen für Prüfungsleistungen von einer geringen Bedeutung der prüfungsfremden Leistungen spricht.[59]

Aus der in der vorliegenden Thesis vorgenommenen Untersuchung der Struktur der Honorare resultiert ein Anteil der Abschlussprüfungsleistungen in allen Segmenten über 64 % (vgl. Abbildung 4, S. 33). Folglich blieb die Relation über Jahre hinweg auf einem vergleichbaren Niveau. Trotz Abweichungen in den einzelnen Börsensegmenten, so wie festgestellter Verschiebung der Honorarkomponenten zu Gunsten der sonstigen Leistungen mit abnehmender Indexbedeutung, und einigen Ausreißern wie *GfK SE* und *Praktiker Holding AG* kann das Verhältnis der Leistungskategorien zueinander auch für das Geschäftsjahr 2008 als unbedenklich bezeichnet werden.

3. Prüfungs- und Beratungshonorare im Zeitverlauf

Der letzte Einflussfaktor, der analysiert werden soll, ist die Zeit. Wie entwickeln sich die Prüfungs- und Beratungshonorare, neigen sie dazu im Zeitverlauf zu steigen oder zu sinken? Für die Steigung der Prüfungsgebühren spricht ihre Abhängigkeit von den Umsatzerlösen, wie im Abschnitt 1.1. dieses Kapitels festgestellt wurde. Die Höhe der Honorare muss demzufolge mit einer vorausgesetzten positiven Entwicklung des Unternehmens korrespondieren.

Andererseits jedoch wird der Konkurrenzdruck auf dem Prüfungsmarkt immer höher, was ein Grund für die Verringerung der Honorare im Zeitverlauf sein könnte. Welcher der Gründe

---

[58] Lenz, H. / Bauer, M. (2004), S. III.
[59] Vgl. Lenz, H. / Möller, M. / Höhn, B. (2006), S. 1793.

einen höheren Einfluss hat, soll nun mit einer Korrelationsanalyse ermittelt werden. Dies ist eine geeignete Möglichkeit zur Prüfung inwiefern die Zeit einen Einfluss auf die Entwicklung der Prüfungsgebühren hat.

Der untersuchte Zeitraum beträgt fünf Jahre. Da die einbezogenen Gesellschaften unterschiedliche Bilanzstichtage haben, wurden die Jahre zur Vereinfachung mit **n** bis **n-4** bezeichnet, wobei **n** sich auf das jeweils letzte Geschäftsjahr bezieht, aus dem ein Geschäftsbericht vorlag, **n-1** auf das vorletzte Geschäftsjahr usw. Die Stichprobe wurde zunächst nach Börsensegmenten und anschließend nach den Prüfungsgesellschaften aufgeteilt.

Die Angabepflicht für Aufwendungen für Abschlussprüfer gemäß § 314 Abs. I Nr. 9 HGB besteht allerdings erst seit dem Bilanzrechtsreformgesetz im Jahr 2004, was bedeutet, dass die Geschäftsberichte aus diesem Jahr teilweise keine Angaben über die Prüfungs- und Beratungshonorare enthielten. Überdies sind einige Gesellschaften – dies betrifft vor allem Unternehmen im SDAX und MDAX – erst kürzlich offenlegungspflichtig geworden, was ebenfalls die vollständige Datengewinnung und -auswertung beeinträchtigte.

3.1. DAX 30

Einen ersten Überblick über die Entwicklung der Prüfungs- und Beratungshonorare der DAX 30 in dem untersuchten Zeitraum liefert das nachfolgende Diagramm 20. Es stellt die absolute und die durchschnittliche prozentuale Veränderung der Prüfungsgebühren über die Jahre dar. Das Diagramm lässt bereits erkennen, dass der Großteil der angefallenen Aufwendungen für die Abschlussprüfung im Verlauf der Zeit gestiegen ist: Im Falle der *Commerzbank*, *Henkel KGaA* und *MAN AG* ist ein mehr als ein 100prozentiger Anstieg zu verzeichnen.

Die Anstiege resultieren meist aus der Erweiterung des Konsolidierungskreises und dem damit verbundenen erhöhtem Prüfungsaufwand, wie z.B. die Übernahme der *Dresdner Bank* durch die *Commerzbank* im Jahr 2009. In diesem Zusammenhang stiegen wahrscheinlich die sonstigen Bewertungs- und Bestätigungsleistungen (Due-Diligence-Prüfungen) sowie die sonstigen Leistungen an. Es bleibt aber die Frage, ob der Unternehmenszuwachs alleine eine solch rasante Steigung der Prüfungsgebühren rechtfertigt. Auch im Kontext der Ergebnisse aus dem Kapitel III.1.1. ist diese Steigerung fraglich, denn die Umsatzerlöse haben sich eher moderat entwickelt.

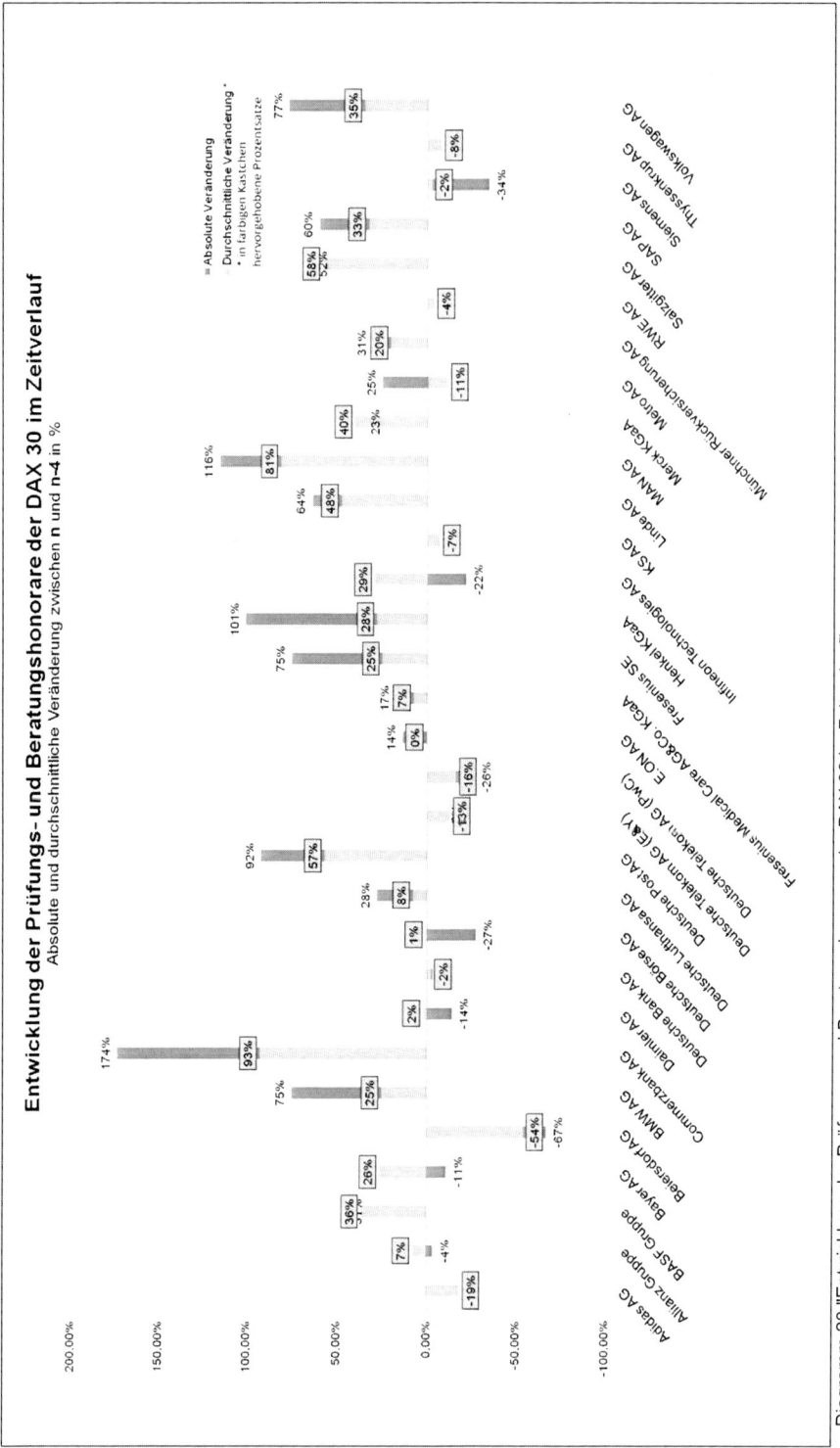

Diagramm 20 "Entwicklung der Prüfungs- und Beratungshonorare der DAX 30 im Zeitverlauf"

Quelle: *Eigendarstellung*

Doch nicht bei allen Gesellschaften ist eine Zunahme der Prüfungs- und Beratungshonorare zu verzeichnen, so sind diese z. B. bei *Beiersdorf AG* um 67 % im Vergleich zu **n-4** gesunken. Dies ist ein Resultat des Prüferwechsels im Geschäftsjahr 2006. Die gleiche Ursache führte auch zu einer Reduktion der Prüfungsaufwendungen bei *Siemens AG*. In diesem Fall ist es besonders interessant, da der vormalige Prüfer von *Siemens*, *KPMG*, noch vor dem Wechsel nach und nach seine Honorare herabgesetzt hat, dies wird vor allem durch die Aufwendungen für die unmittelbare Abschlussprüfung deutlich. Angesichts der in der Presse diskutierten Spannungen zwischen *Siemens* und *KPMG* könnte dies eine Reaktion auf die Sorge um den möglichen Verlust des Mandats sein.[60]

Die Prüfungsaufwendungen bei der *Deutschen Telekom AG*, die durch einen Joint Audit von *PwC* und *Ernst & Young* geprüft wird, sanken ebenfalls im Verlauf der Jahre. Die Fälle von *Siemens* und der *Deutschen Telekom* scheinen aber eher eine Ausnahme zu sein: Die meisten Gesellschaften erhöhten ihre Auslagen für die Abschlussprüfer.

Allerdings stellt die absolute prozentuale Veränderung ein verzerrtes Ergebnis dar: es werden nur die Werte jeweils aus dem aktuellen (**n**) und dem letzten (**n-4**) Geschäftsjahr in die Berechnung einbezogen, die Entwicklung dazwischen bleibt außer Acht. Die durchschnittliche Veränderung ist hingegen das Mittelwert aller Veränderungen der Prüfungsgebühren im Vergleich zu **n-4** und somit realitätsnah. In dem Diagramm 20 entspricht diese den hellorangenen Balken. Es ist ersichtlich, dass die durchschnittlichen Abweichungen im Vergleich zu absoluten gemäßigter sind. Es wird dadurch unter anderem deutlich, dass bei vielen Unternehmen trotz der negativen absoluten Veränderung, die eine Minderung bedeutet, die Prüfungsgebühren im Durchschnitt angestiegen sind.

Eine genauere Aussage soll aber eine Korrelationsanalyse ermöglichen. Hierfür wurden die Jahresabschlussprüfungsaufwendungen der DAX 30 nach den Prüfungsgesellschaften aufgeteilt. Es wurde der Grad des Zusammenhangs zwischen der Zeit und der Entwicklung der Prüfungs- und Beratungshonorare untersucht (siehe Abbildung 5). Um die Analyse einfacher zu gestalten, wurden die Jahre von 1 bis 5 nummeriert, wobei 5 die aktuelle Berichtsperiode bedeutet. Die fortlaufend nummerierten Werte stellen die jeweiligen Prüfungsaufwendungen eines Unternehmens dar.[61]

---

[60] Vgl. Artikel „Wirtschaftsprüfer im Siemens-Sumpf" in Spiegel ONLINE vom 18.06.2008. http://www.spiegel.de/wirtschaft/0,1518,560529,00.html [12.01.2010].
[61] Es wurden nur diejenigen Honorare in die Analyse (sowohl bei DAX 30, als auch MDAX und SDAX) einbezogen, die mindestens über drei Jahre hinweg in den Geschäftsberichten der jeweiligen Gesellschaft angegeben waren und von derselben Prüfungsgesellschaft bezogen wurden. Dies hat eine repräsentative und zuverlässige Datenauswertung zum Zweck.

Korrelation R zwischen Prüfungs- und Beratungshonoraren (**Werten**) und der Zeit							
KPMG		**Deloitte & Touche**		**Ernst & Young**		**PwC**	
Werte	R	Werte	R	Werte	R	Werte	R
1	-0,07785	2	-0,648104	1	0,8309367	1	-0,29192
2	-0,45785			2	-0,535286	2	0,9658805
3	-0,818131	Ø-R	-0,648104			3	0,7909095
4	0,8488747			Ø-R	0,1478253	4	0,9186505
5	-0,196396					5	-0,969536
6	-0,57735					6	0,6042071
7	-0,14446					7	-0,474239
8	0,9040776					8	0,6304074
9	0,6063391					9	0,9218126
10	0,7036391						
11	-0,275951					Ø-R	0,3440191
12	0,7010682						
13	0,9411413						
14	0,4619331						
15	0,8436615						
16	0,9973811						
17	0,9708637						
18	-0,270331						
19	-0,104257						

Ø-R   0,2661265

Gesamte Durchschnitts-R DAX 30	0,2516168

Abbildung 5 "Korrelationsanalyse der Prüfungs- und Beratungshonoraren der DAX 30 und dem Faktor Zeit"   *Quelle: Eigendarstellung*

Wie der Abbildung 5 entnommen werden kann, herrscht bei den meisten DAX 30 eine starke Abhängigkeit zwischen dem Faktor Zeit und der Höhe der Prüfungs- und Beratungshonorare vor. Wie im Kapitel II.4.1. erläutert, misst der Korrelationskoeffizient die Stärke und die Richtung der linearen Beziehung zwischen zwei quantitativen Variablen, wobei er jeden Wert zwischen +1 und -1 annehmen kann. Alle Koeffizienten nahe +1 bedeuten, dass ein starker positiver Zusammenhang zwischen den Faktoren vorhanden ist – mit Ablauf der Zeit steigen die Prüfungsgebühren. Dies ist vor allem bei *KPMG* und *PwC* der Fall. In diesen beiden Gruppen weisen 16 von insgesamt 28 Werten einen positiven Korrelationskoeffizienten auf, 12 davon sogar über 0,7. Mit anderen Worten ausgedrückt, gelang es den beiden Prüfungsgesellschaften ihre Honorare für die Abschlussprüfung im Verlauf der letzten fünf Jahre im Großen und Ganzen zu steigern. Über die Stärke der Beziehung zwischen den Honoraren von *Deloitte & Touche* und *Ernst & Young* und dem Faktor Zeit lässt sich keine eindeutige Aussage ableiten, denn es lagen nur wenige verwendbare Werte vor.

Insgesamt bestätigt die Korrelationsanalyse die oben aufgeführten Interpretationen des Diagramms 20. Die meisten Prüfungsgebühren weisen eine positive Abhängigkeit von der Zeit auf. Die Koeffizienten nahe 0, welche für die Unabhängigkeit der beiden Variablen voneinander stehen, zählen zu den Ausnahmen. Obwohl der gesamte durchschnittliche Korrelationskoeffizient 0,25 beträgt und eine moderate Beziehung bedeutet, ist er trotzdem positiv und bestärkt eindeutig die Vermutung, dass die Prüfungs- und Beratungshonorare im Zeitverlauf ansteigen.

3.2. MDAX

Die Entwicklung der Prüfungs- und Beratungshonorare der MDAX zeigt ein ähnliches Bild wie das der DAX 30. Wie dem Diagramm 21 zu entnehmen ist, ist auch in diesem Börsensegment der Großteil der Prüfungsgebühren in dem Zeitablauf gestiegen.

Auf den ersten Blick fallen die Prüfungsaufwendungen der *Bauer AG* und der *Deutschen Euroshop AG* auf: Im Durchschnitt sind diese um mehr als 200 % gestiegen. Die *Bauer AG* ist in 2006 an die Börse gegangen, was dazu geführt hat, dass die sonstigen Bestätigungs- und Bewertungsleistungen von 2.000 € auf 663.000 € gestiegen sind.

Dieser besondere und einmalige Umstand und die daraus resultierende Erhöhung der Prüfungsaufwendungen um 413,5 % verzerrten das Ergebnis der Berechnung.

Bei der *Deutschen Euroshop AG*, die von *BDO* geprüft wird, sind die Prüfungsaufwendungen im Jahr 2006 um 207 % gegenüber dem Vorjahr gestiegen. Dieser Zuwachs wird in dem Geschäftsbericht allerdings nicht erläutert. Da sich der Konsolidierungskreis gegenüber 2005 nur geringfügig verändert hat und auch sonst keine besonderen Vorkommnisse stattgefunden haben, lässt dies die Vermutung zu, dass der Anstieg seine Ursache in der unterschiedlichen Interpretation des § 314 Abs. 1 Nr. 9 HGB hat. Es könnte sein, dass in 2005 lediglich die Aufwendungen für die Konzernabschlussprüfung durch die *BDO* angegeben waren, während in 2006 der Umfang der Angabe sich auf die Leistungen der Abschlussprüfer des gesamten Konzerns, also auch derjenigen der Tochterunternehmen, erstreckt hat.

Allgemein werden die Prüfungs- und Beratungshonorare nur selten in den Geschäftsberichten erläutert, dementsprechend schwer ist es für den Leser die Veränderungen der Prüfungsaufwendungen nachzuvollziehen.

Meistens kann der Anstieg der Prüfungsaufwendungen durch die Erweiterung des Konsolidierungskreises erklärt werden, wie z.B. der Kauf der *BHW Holding* durch die *Deutsche Postbank AG* im Jahr 2006. Dieser führte zu einer „Explosion" der Prüfungsauslagen – die *PwC* bezog in dem Jahr der Transaktion 14,2 Mio. € an Honoraren, was im Vergleich zu den Honoraren im Vorjahr einem Plus von 141 % entspricht.

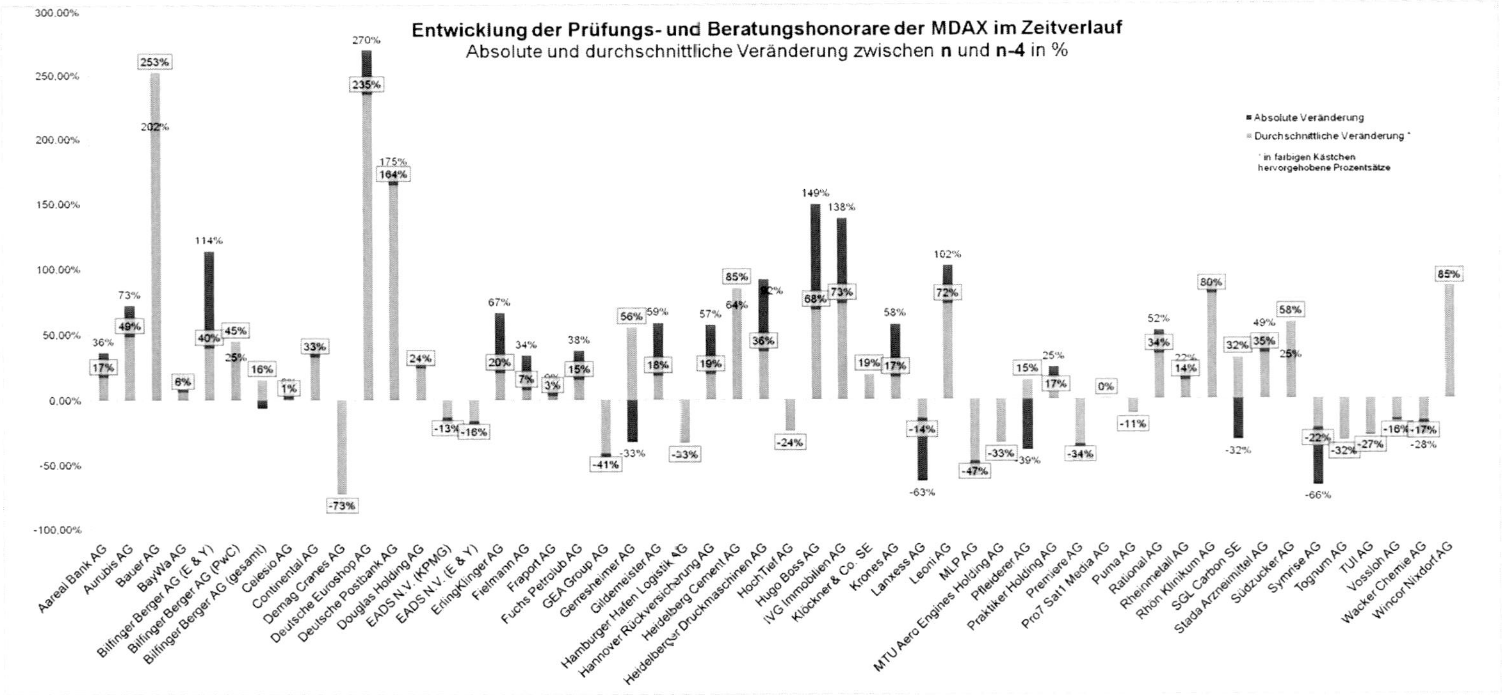

Diagramm 21 "Entwicklung der Prüfungs- und Beratungshonorare der MDAX im Zeitverlauf"

Quelle: Eigendarstellung

Der Erwerb neuer Gesellschaften ist immer mit einem Mehraufwand an Prüfungsleistung verbunden: Es müssen z. B. Due-Diligence-Prüfungen durchgeführt werden. Aber nicht nur die Erweiterung des Konsolidierungskreises kann dazu beitragen, desweitern führen jegliche Veränderungen der Unternehmensstruktur oder -organisation ebenfalls zur Erweiterung der Prüfungshandlungen und damit dem Umfang der Prüfungsgebühren.

Ein anderer Grund für die Schwankungen in den Prüfungs- und Beratungshonorare ist oftmals der Börsengang der Unternehmen. Ein börsennotiertes Unternehmen unterliegt umfangreichen Gesetzesregelungen, es wird strenger kontrolliert, da es im Interesse der Öffentlichkeit steht – dementsprechend müssen die Prüfungshandlungen ausgeweitet werden. So sind z.B. die Jahresabschlussprüfungskosten der *Symrise AG* und der *Celesio AG*, welche jeweils 2006 an die Börse gegangen sind, extrem angestiegen: Bei *Celesio* um 37 % und bei *Symrise* um 68 %. Später sanken die Prüfungshonorare wieder auf das Niveau vor Börsengang. Dies erklärt auch den vermeintlichen Rückgang der Prüfungshonorare bei *Demag Cranes, Hamburger Hafen Logistik, MTU Aero Engines, Tognum AG* sowie *TUI* – die Abschlussprüfungsaufwendungen sind möglicherweise auf den Stand vor der Börsenzulassung gefallen.[62]

Auffällig sind die Prüfungs- und Beratungsaufwendungen der Gesellschaften, die durch einen Joint Audit geprüft werden: *EADS N. V.* (KPMG und *Ernst & Young*) und *Bilfinger Berger* (bis 2008 von *PwC* und *Ernst & Young*). Wie bei der *Deutschen Telekom* auch, die von *PwC* und *Ernst & Young* betreut wird, sanken die Aufwendungen für die Abschlussprüfung im Zeitablauf. Obwohl viele Unternehmer in Deutschland gegen einen Joint Audit sind – unter anderem auch aus der Sorge vor höheren Kosten[63] - scheint sich diese Befürchtung empirisch nicht zu bestätigen.[64] Möglicherweise liegt die Ursache in den günstigen Synergieeffekten, die durch das Zusammenarbeiten der beiden Prüfungsgesellschaften entstehen. Eine andere Möglichkeit ist, dass die beteiligten Prüfer künstlich ihre Honorare senken, um auf diesem Wege das Mandat nur für sich zu gewinnen. Diese Theorie scheint sich zumindest bei *Bilfinger Berger* bestätigt zu haben: In 2008 hat die Gesellschaft zu dem „günstigeren" Prüfer *Ernst & Young* gewechselt.

Insgesamt ist der Kontingent der Unternehmen im MDAX, deren Prüfungs- und Beratungshonorare im Zeitablauf gestiegen sind, wesentlich höher, was durch die nachfolgende

---

[62] Dies kann nur vermutet werden, da keine Daten über die Höhe der Prüfungs- und Beratungshonorare vor dem Börsengang vorliegen.
[63] Vgl. Handelsblatt, Artikel „Konzerne und Prüfer wollen unter sich bleiben" vom 22.05.2002, http://www.handelsblatt.com/archiv/konzerne-und-pruefer-wollen-unter-sich-bleiben;529590 [21.02.2010].
[64] Ein direkter Beweis, dass ein Joint Audit grundsätzlich teurer für das Mandat ist, ergibt sich aus der vorliegenden Erhebung nicht. Es gibt sowohl Gesellschaften, dessen Aufwendungen bei nur einem Prüfer genauso hoch sind wie derjenigen, die von einem Joint Audit geprüft werden, als auch solche, die eindeutig weniger für das Testat einer einzigen WP-Gesellschaft ausgeben.

Korrelationsanalyse (Abbildung 6) bestätigt wird. Auch hier fallen *KPMG* und *PwC* durch einen relativ hohen Anteil der positiven Korrelationskoeffizienten auf. Allerdings nicht nur die Big Four, die Honorare der mittelständischen WP-Kanzleien steigen ebenfalls im Zeitablauf. Die Bezüge der *Deloitte & Touche* sowie *Ernst & Young* scheinen kaum eine Abhängigkeit von dem Faktor Zeit aufzuweisen: Bei diesen WP-Gesellschaften gibt es fast genauso viele hohe positive Koeffizienten, wie negative, was den geringen durchschnittlichen Korrelationskoeffizienten nahe 0 erklärt. Bei der näheren Betrachtung der Werte, wird ersichtlich, dass es sich bei den negativen Koeffizienten größtenteils um die zuvor genannten Fälle der Börsengänge und Joint Audits handelt.

Korrelation R zwischen Prüfungs- und Beratungshonoraren (Werten) und der Zeit

KPMG		Deloitte & Touche		PwC		Ernst & Young		Susat & Partner		BDO	
Werte	R	Werte	R	Werte	R	Werte	R	Werte	R	Werte	R
1	0,9830529	1	0,9027681	1	0,6557387	1	0,7513109	1	0,9438798	1	0,8914825
2	0,8416254	2	-0,701467	2	0,2519122	3	-0,927123	2	0,7429332	2	-0,848528
3	-0,9353	3	-0,868307	3	0,3678756	4	-0,173534				
4	0,8648	4	0,8381354	4	0,1114787	5	0,5595513	Ø-R	0,8434065	Ø-R	0,0214772
6	0,8673343	5	-0,539969	5	0,8631536	6	0,9956187				
7	0,7874999			6	-0,5	7	-0,859101				
9	0,8221922	Ø-R	-0,073768	7	0,8211349	8	-0,387488				
10	0,9034667			9	0,9633868						
11	0,7766562			10	-0,762581	Ø-R	-0,005824				
12	0,8530754			11	0,9948724						
13	-0,356193			13	-0,13484						
17	-0,989778			14	0,9178446						
18	0,7435103			15	0,9050654						
				16	-0,058222						
Ø-R	0,4739956			18	-0,770532						
				Ø-R	0,3084192						

Rülfs WP Partner		PKF Treurog	
Werte	R	Werte	R
1	0,9999733	1	0,8946467

Gesamte Durchschnitts-R MDAX	0,3044133

Abbildung 6 "Korrelationsanalyse der Prüfungs- und Beratungshonorare der MDAX und dem Faktor Zeit"
Quelle: Eigendarstellung

Der gesamte durchschnittliche Korrelationskoeffizient beträgt 0,3 und bedeutet, dass im Segment MDAX eine positive lineare Abhängigkeit der Prüfungsgebühren von dem Faktor Zeit vorliegt. Hieraus lässt sich ableiten, dass die Prüfer der MDAX ihre Honorare im Zeitablauf steigern konnten.

3.3. SDAX

Die Entwicklungen der Prüfungs- und Beratungshonorare der SDAX-Prüfer sind in höchstem Maße auffällig: in keinem anderen der analysierten Börsensegmente sind die absoluten und durchschnittlichen Steigerungen so hoch.

Auf den ersten Blick fallen die Prüfungsaufwendungen der *Colonia Real Estate AG* auf. Sie unterlagen in den letzten fünf Jahren den größten Schwankungen. In 2005 erzielte *Colonia Real Estate* nach einer erfolgreichen Umstrukturierung und einer Kapitalerhöhung eine Erlössteigerung von fast 6.000 %. Damit korrespondieren auch die Aufwendungen für die Abschlussprüfer: Der damalige Prüfer *PwC* erhielt fast 500 % mehr an Honoraren gegenüber dem Vorjahr. Nach der Umstrukturierung wechselte die Gesellschaft zu *Ernst & Young*, was zu einer 35-prozentigen Senkung der Prüfungsgebühren führte. Doch bereits im darauffolgenden Jahr explodierten die Honorare für die Abschlussprüfung um 1.200 %. Ein Teil davon erklärt sich durch die erhöhten Aufwendungen für die Steuerberatungsleistungen, doch den meisten Beitrag zu der enormen Steigerung leisteten die sonstigen Bestätigungs- und Bewertungsleistungen. Diese sind wohl größtenteils auf den erhöhten Prüfungsaufwand, der im Zusammenhang mit beiden Joint Ventures, JPMorgan und Merrill Lynch, angefallen ist, zurückzuführen. Doch auch hier bleibt die Frage nach der Angemessenheit der Prüfungsgebühren. Eine Erläuterung findet sich – wie in den meisten Geschäftsberichten auch – nicht.

Ein anderer Ausreißer ist die *MPC AG*. Hier war es jedoch aus den Ergebnissen ersichtlich, dass der Anstieg der Prüfungs- und Beratungsaufwendungen auf die erstmalige Inanspruchnahme der Steuerberatungsleistungen im Jahr 2006 zurückzuführen ist. Dies ist neben der Erweiterung des Konsolidierungskreises eine häufige Ursache für die Erhöhung der Prüferhonorare.

Allgemein lässt sich ein Trend erkennen, dass besonders bei Beteiligungsgesellschaften die Prüfungs- und Beratungsaufwendungen den größten Schwankungen unterliegen. Der Grund hierfür liegt in der Natur dieser Unternehmen: Die Prüfungshandlungen werden dem Portfolio angepasst – verändert sich dieses, verändert sich auch die Höhe der Prüfungshonorare.

Bei der Betrachtung der nachfolgenden Korrelationsanalyse, wird unter anderem ersichtlich, dass die Koeffizienten im SDAX-Segment stark auseinandergehen: Es existieren sowohl starke positive Abhängigkeiten als auch starke negative. Infolgedessen beträgt der gesamte durchschnittliche Koeffizient 0,1. Die Korrelationskoeffizienten nahe 0, die einen schwachen bzw. keinen Zusammenhang zwischen den beiden Variablen bedeuten und ein Indiz für Pauschalhonorare sind, zählen zu den Ausnahmen.

Entwicklung der Prüfungs- und Beratungshonorare der SDAX im Zeitverlauf
Absolute und durchschnittliche Veränderung zwischen n und n-4 in %

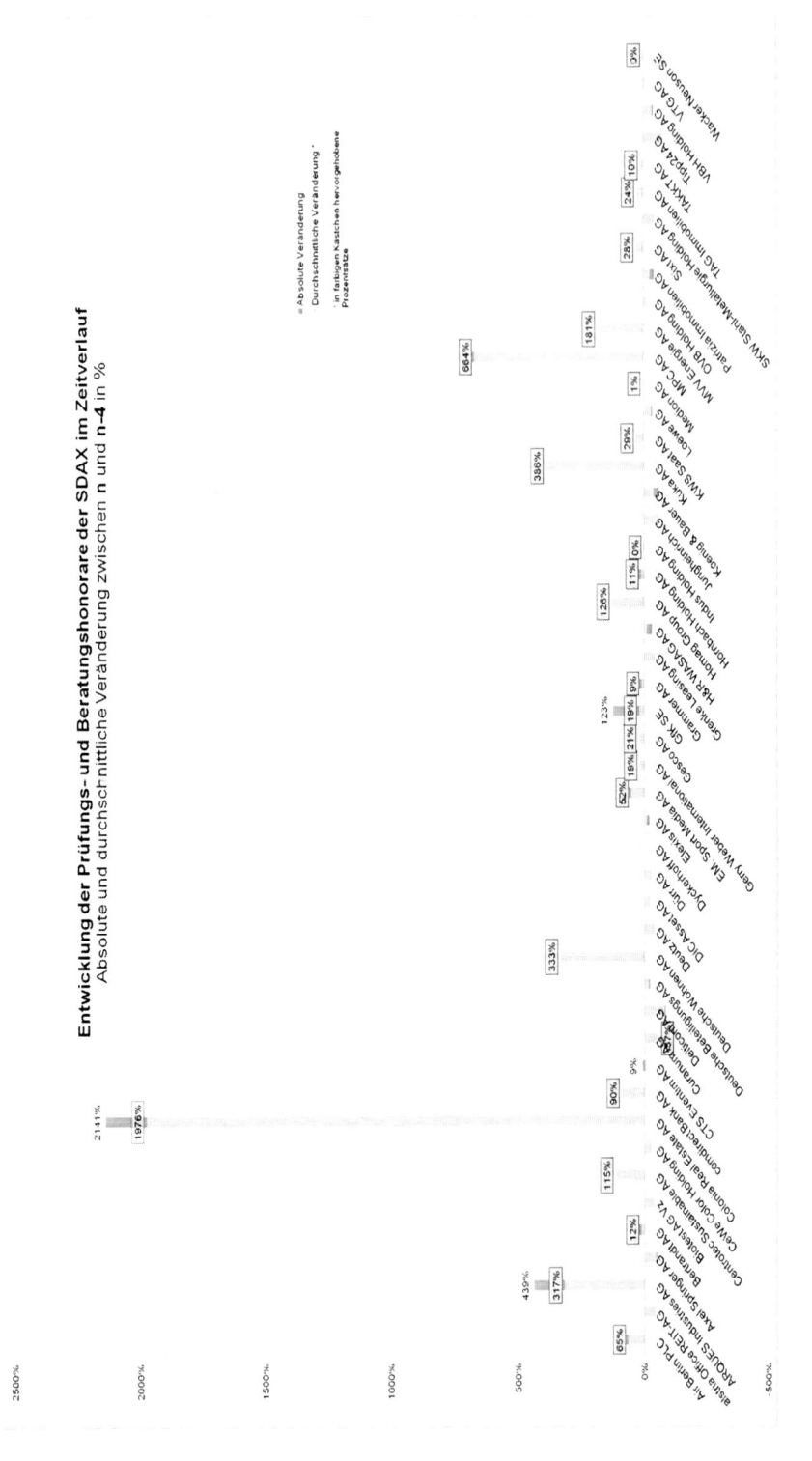

Diagramm 22 "Entwicklung der Prüfungs- und Beratungshonorare der SDAX im Zeitverlauf"

Quelle: Eigendarstellung

Die Korrelationskoeffizienten der Big Four sind im SDAX niedriger als in den anderen Börsenindizes. Das *r* von *Deloitte & Touche* gleitet auch hier leicht ins Negative, was vermuten lässt, dass die WP-Gesellschaft in dem betrachteten Zeitraum insgesamt ihre Prüfungshonorare gesenkt hat.

Korrelation *R* zwischen Prüfungs- und Beratungshonoraren (Werten) und der Zeit

KPMG		Deloitte & Touche		PwC		Ernst & Young		Rödl & Partner	
Werte	R	Werte	R	Werte	R	Werte	R	Werte	R
1	0,9119518	2	-0,377964	2	0,9916263	2	0,3918242	1	-0,685801
2	-0,099053	3	-0,27735	3	-0,578369	4	0,4370596	2	-0,940484
3	-0,986883	4	0,9725662	4	0,8315842	5	-0,443707	Ø-R	-0,813143
5	0,6411049	5	0,7748694	5	0,1155865	6	0,6952236		
6	0,9420202	6	-0,956885	7	-0,415796	7	-0,746045		
		7	-0,183486	8	0,202398	8	0,4712958		
Ø-R	0,2818283			9	-0,894368	9	0,7853727		
		Ø-R	-0,008042	12	0,9251413	10	0,8692201		
				17	0	11	-0,710654		
				18	-0,520152				
				Ø-R	0,065765	Ø-R	0,194399		

Wirtschaftstreuhand		Breidenbach		Abstoß und Wolters	
Werte	R	Werte	R	Werte	R
1	0,9707253	1	0,820306	1	-0,871474
Susat & Partner		**Hansetreuhand**		**MAZARS Hemmelrath**	
Werte	R	Werte	R	Werte	R
1	-0,816461	1	0,797925	1	0,4513636
Commerzialtreuhand		**Ebner Stolz**		**Nörenberg**	
Werte	R	Werte	R	Werte	R
1	-0,534061	1	0,1948648	1	0,3171649
		Treuhand und Revision		**Märkische Revision**	
		Werte	R	Werte	R
		1	0,1670699	1	0,7173145

Gesamte Durchschnitts-*R* SDAX 0,1013159

Abbildung 7 "Korrelationsanalyse der Prüfungs- und Beratungshonorare der SDAX und dem Faktor Zeit"
Quelle: Eigendarstellung

Da bei den mittelständischen WP-Kanzleien und den Gesellschaften der Zweiten Reihe jeweils nur wenige verwendbare Werte vorlagen, lässt sich aus der Korrelationsanalyse keine eindeutige Aussage über das Verhalten ihrer Prüfungs- und Beratungshonorare im Zeitverlauf ableiten. Der Großteil der Korrelationskoeffizienten ist aber im Allgemeinen positiv. *Rödl & Partner* ist eine der wenigen Ausnahmen, deren Vergütungen im Zeitablauf gesunken sind.

Das nachfolgende Fazit bietet einen Gesamtüberblick über das Verhalten der Honorare der Prüfungsgesellschaften und fasst die wichtigsten Erkenntnisse zusammen.

3.4. Zusammenfassung

Nach der umfassenden Analyse der Entwicklung der Prüfungs- und Beratungshonorare lässt sich die Vermutung bestätigen, dass die Prüfungsgesellschaften ihre Einnahmen im Verlauf der letzten fünf Jahre steigern konnten. Doch welche Faktoren haben diese Entwicklung beeinflusst?

Wie im Abschnitt 1 dieses Kapitels festgestellt sind fünf Faktoren bei der Berechnung der Prüferhonorare ausschlaggebend: Die Größe des Mandanten und der Prüfungsgesellschaft, die Komplexität der Prüfung, die Branche und die Risikoposition des Mandanten. Verändert sich einer dieser Aspekte, müssten sich die Prüfungs- und Beratungshonorare entsprechend anpassen. Dies setzt allerdings voraus, dass diese nach dem tatsächlich angefallenen Prüfungsaufwand und nicht pauschal bemessen werden.

Der Börsengang eines Unternehmens sowie unterschiedliche Umstrukturierungsmaßnahmen haben einen unmittelbaren Einfluss auf die Risikoposition des Mandanten und die Komplexität der Prüfung. In solchen Fällen, wie in der vorangegangenen Analyse festgestellt, unterliegen auch die Prüfungs- und Beratungshonorare großen Schwankungen. Die häufigste Ursache für die Ausschläge waren jedoch Veränderungen in dem Konsolidierungskreis eines Unternehmens. Die Akquisition oder Verkauf von Tochtergesellschaften definieren die Größe des Mandanten jedes Mal neu. Solche Transaktionen erfordern besondere Prüfungshandlungen und spezielles Know-How. Dementsprechend werden die Honorare der Wirtschaftsprüfer höher bemessen.

Darüber hinaus ist jede WP-Kanzlei ein gewinnorientiertes Unternehmen. Das oberste Gebot jedes Wirtschaftsprüfers ist zwar nach wie vor die Unabhängigkeit und die Glaubwürdigkeit der Testate, dennoch liegt es in ihrem Interesse die Einnahmen zu steigern. Die nachfolgende Tabelle liefert eine Übersicht der WP-Gesellschaften, denen es im untersuchten Zeitraum am besten gelungen ist. Sie stellt die Mittelwerte aller zuvor ermittelten Korrelationskoeffizienten dar.

WP-Gesellschaft	KPMG	Deloitte & Touche	Ernst & Young	PwC
r	0,34	-0,09	0,25	0,11
WP-Gesellschaft	Rödl & Partner	Susat & Partner	BDO	Übrige
r	-0,81	0,29	0,02	0,32

Tabelle 9 "Korrelationskoeffizienten nach WP-Gesellschaften" *Quelle: Eigendarstellung*

In der Gruppe der Big Four weisen *KPMG* und *Ernst & Young* die größten positiven Korrelationskoeffizienten auf. Die großen WP-Gesellschaften profitieren vor allem von ihrem erweiterten Dienstleistungsangebot, die Änderungen der rechtlichen Rahmenbedingungen (IFRS, Bilanzrechtsmodernisierungsgesetz, Unternehmenssteuerreform 2008) schufen eine zusätzliche Nachfrage.[65] Die Wirtschaftsprüfer nutzen diese Gelegenheit und kombinieren die gesetzliche Abschlussprüfung mit der gesetzlich zulässigen Beratung.

Interessant ist, dass *Deloitte & Touche* einen geringen negativen Korrelationskoeffizienten aufweist, obwohl sie laut der Lünendonk-Studie in 2008 eine 34,5-prozentige Umsatzsteige-

---

[65] Vgl. Lünendonk-Studie (2008), S. 48.

rung realisierte.[66] Diese Studie untersucht aber nur eine eingeschränkte Stichprobe. Die untersuchten DAX-Gesellschaften stellen folglich nur einen kleinen Kreis aller Mandanten von WP-Gesellschaften dar.

In der Gruppe der Gesellschaften der Zweiten Reihe fällt *Rödl & Partner* mit einem r von -0,81 auf. Der hohe negative Koeffizient deutet auf den Rückgang der Vergütungen innerhalb des untersuchten Zeitraumes hin. Die Gesellschaft ist allerdings nur mit zwei Mandanten in der Stichprobe vertreten, daher ist ein Rückschluss auf die Entwicklung der Gesamteinnahmen unzulässig.

Das Ziel der Analyse in diesem Abschnitt war unter anderem herauszufinden, wie sich die Prüfungs- und Beratungshonorare nach einem Prüferwechsel (vgl. Kapitel III.1.3.C) entwickeln. In den meisten Fällen, in denen es nach einem Prüferwechsel zu einer Senkung der Prüfungsaufwendungen kam, war ein Anstieg im Verlauf der nächsten Geschäftsjahre festzustellen. So hat sich z. B. die *Metro AG* in 2006 von *PKF Fasselt & Partner*, der zuvor die Gesellschaft in einem Joint Audit mit *KPMG* geprüft hat, getrennt. Im ersten Jahr nach dem Wechsel erreichte der Handelskonzern damit einen Rückgang der Prüfungsaufwendungen in Höhe von 33,33 %. Doch bereits zwei Jahre später ist die Vergütung der *KPMG* auf 15 Mio. € gestiegen, was 25 % mehr sind, als die *Metro* noch vom Joint Audit testiert wurde und 88 % mehr im Vergleich zu den Honoraren im ersten Jahr nach dem Prüferwechsel.

Eine ähnliche Entwicklung fand auch bei *Jungheinrich AG* (SDAX) statt. Mit dem Wechsel von *PwC* zu *Deloitte & Touche* in 2006 reduzierte das Unternehmen seine Ausgaben für das Testat von 0,98 Mio. € auf 0,33 Mio. €. Doch auch hier war ein kontinuierlicher Anstieg der Prüfungsaufwendungen im Verlauf der nächsten Perioden zu verzeichnen, bis sie schließlich zum 31.12.2008 0,47 Mio. € betrugen – 140 TEUR mehr als in 2006.

Die *HochTief AG* (MDAX) wechselte ebenfalls in 2006 von *PwC* zu *Deloitte & Touche*. Die Prüfungshonorare sind um 38 % auf 3,85 Mio. € zurückgegangen, um zwei Jahre später fast dasselbe Niveau wie vor Prüferwechsel zu erreichen (2008: 5,03 Mio. €; 2005: 6,16 Mio. €).

Lediglich bei zwei Unternehmen, *Beiersdorf* sowie *Axel Springer AG*, die innerhalb des untersuchten Zeitraums den Prüfungsauftrag an einen neuen Abschlussprüfer vergeben haben, sind die Prüfungsaufwendungen nach dem Prüferwechsel auch in den nachfolgenden Jahren auf dem vergleichbaren niedrigen Niveau geblieben. In solchen Fällen wird von einer „Low-Balling-Strategie" gesprochen, nach der „die Prüfungsgebühren bei der Erstprüfung unterhalb der anfallenden Kosten angesetzt und damit Anfangsverluste erlitten [werden], um bestehende Wettbewerber am Prüfermarkt zu unterbieten. In den Folgeperioden sinken die

---

[66] Vgl. Lünendonk-Studie (2008), S. 48.

Prüfungskosten durch geringere Einarbeitungszeiten, wodurch über die Totalperiode sog. Quasirenten beim Prüfer entstehen."[67]

In den meisten Fällen des Prüferwechsels kommt aber die aggressive Akquisitionspolitik mancher WP-Gesellschaften zum Vorschein. Die Lücken in den Gewinnmargen, die beim Werben neuer Mandate entstehen, werden im Verlauf der nachfolgenden Jahre offensichtlich wieder gefüllt, bis das Mandat wieder gezwungen ist aus Kostengründen den Prüfungsauftrag neu zu vergeben. Die Taktik der „Schnäppchenpreise" ist besonders gefährlich, da sie ein Interessenskonflikt hervorruft und den Abschlussprüfer von dem Mandanten abhängig macht: „…Der Abschlussprüfer ist auf die Folgeprüfungen bei diesem Mandanten angewiesen. Seine Urteilsfreiheit wäre in diesem Fall eingeschränkt, wenn er bei der Erstprüfung auf Fehler in der Rechnungslegung stößt, diese aber nicht aufdecken wird, weil der Mandant mit dem Entzug des Mandats droht."[68]

---

[67] Velte, P. (2009), S. 1231.
[68] Böcking, H.-J. (2008), Regulierung und Deregulierung bei Rechnungslegung und Abschlussprüfung, in: Wirtschaftsprüfung im Wandel, S. 78.

IV. Fazit und Ausblick

Die Aufgabe des Abschlussprüfers besteht darin „eine Beurteilung über die Gesetzeskonformität von Abschluss und Lagebericht abzugeben. [...] Der Abschlussprüfer hat Überlegungen anzustellen, in welchen Bereichen der Rechnungslegung ein Risiko besteht, dass Unrichtigkeiten und Verstöße zu einer wesentlichen falschen Angabe im Abschluss führen können."[69] Die Tätigkeit des Abschlussprüfers sowie sein Urteil liegen im Interesse der Öffentlichkeit, dadurch wird der Schutz Dritter, der Bilanzadressaten, gewährleistet. Insofern ist es von enormer Bedeutung alle Risiken, die den Abschlussprüfer bei der Abgabe seines Urteils hindern könnten, auszuräumen. Die Qualität der Prüfungsdurchführung soll stets im Vordergrund stehen. Für seine Arbeit und die damit verbundene Verantwortung soll der Abschlussprüfer entsprechend vergütet werden. Hieraus ergibt sich aber gleichzeitig ein Risiko: Wie kann gewährleistet werden, dass die Unabhängigkeit und die Unbefangenheit des Abschlussprüfers durch die Honorarabrechnung nicht gefährdet werden? Um diese Frage zu beantworten, wurden in der vorliegenden Studie mittels unterschiedlicher statistischer Analysen Prüfungs- und Beratungshonorare deutscher kapitalmarktorientierter Gesellschaften untersucht. Das Ergebnis ist eine Reihe von Erkenntnissen, die einen Rückschluss auf verschiedene Einflussfaktoren und Strategien ermöglichen.

Aus diesen Erkenntnissen lassen sich wiederum unterschiedliche Handlungsempfehlungen sowohl für Abschlussprüfer als auch für Mandanten ableiten, die eine angemessene Vergütung der Leistungen des Abschlussprüfers zum Zweck haben und folglich eine qualitativ hochwertige Berichterstattung gewährleisten.

Den Mandanten kann man einen häufigen Wechsel des Abschlussprüfers empfehlen, denn wie im Kapitel III, Abschnitten 1.3.C und 3.4, festgestellt wurde, hat der Prüferwechsel in den meisten Fällen eine Reduktion der Abschlussprüfungsaufwendungen zur Folge, im Durchschnitt bis zu - 40 %. Um das Mandat zu akquirieren, sind die Wirtschaftsprüfer bereit, einen Auftrag zu Selbstkostenpreisen anzunehmen. Doch wie es in den oben genannten Abschnitten ebenfalls festgestellt wurde, neigen die meisten Abschlussprüfer dazu ihre Anfangshonorare im Verlauf der Jahre anzuheben. Deshalb empfiehlt sich eine Neuvergabe des Prüfungsauftrages in einem Zwei- bis Drei-Jahre-Rhythmus.[70] Nicht nur die Kosten für die Konzernabschlussprüfung können dadurch gesenkt werden, durch den neuen Prüfer können möglicherweise mehr Unrichtigkeiten und Verstöße aufgedeckt werden. *Rudolf J. Niehus* nennt drei wichtige Vorteile eines Prüferwechsels, die einen unmittelbaren Einfluss auf die

---

[69] Plendl, M. (2008), Risiken in Rechnungslegung und Abschlussprüfung, in: Wirtschaftsprüfung im Wandel, S. 329.
[70] Vgl. Kapitel III.3.4: Bei den dort beschriebenen Fällen der *Metro AG*, *Jungheinrich AG* sowie *Hochtief AG* sind die Prüfungsaufwendungen bereits zwei Jahre nach der Neuvergabe des Prüfungsauftrages auf das Niveau vor Prüferwechsel oder sogar noch höher gestiegen.

Qualität der Berichterstattung haben: Vermeidung der Betriebsblindheit, Verhinderung des Eindrucks eines zu engen Verhältnisses zum Mandanten, Vermeiden des Anscheins der wirtschaftlichen Abhängigkeit.[71]

Ebenfalls vorteilhaft für den Mandanten ist eine Gemeinschaftsprüfung, ein Joint Audit. Wie im Kapitel III.3.2. festgestellt wurde, bedeutet ein Joint Audit nicht zwangsläufig höhere Kosten für die zu prüfende Gesellschaft. Dank den Synergieeffekten können die Kosten auf einem niedrigen Niveau gehalten werden. Darüber hinaus versuchen die jeweiligen Partner des Joint Audits sich in den Honoraren zu unterbieten, um das Mandat nur für sich alleine zu gewinnen. Die Qualität der Prüfung wird durch eine derartige Gemeinschaftsprüfung dank der gegenseitigen Kontrolle der Abschlussprüfer ebenfalls gesteigert.

Für die Abschlussprüfer ist es wiederum vom Vorteil ein Mandat so lange wie möglich beizubehalten. Dies kann durch das Halten der Prüfungshonorare auf einem niedrigen Niveau über die Jahre hinweg erreicht werden. Die bei einer Mandatsverlängerung entstehenden Quasirenten kann der Abschlussprüfer an die zu prüfende Gesellschaft weitergeben. Die Quasirenten sind spezifische finanzielle Vorteile, die durch die Differenz zwischen den regulären Prüfungskosten und dem Mehraufwand, der bei einem Prüferwechsel anfallen würde, entstehen.[72] Höhere Honorare können wiederum dadurch erzielt werden, indem sich der Abschlussprüfer auf die Prüfung der Unternehmen mit bestimmter Branchenzugehörigkeit spezialisiert. Wie im Kapitel III.1.2. festgestellt wurde, erfordert die Prüfung der Banken und Versicherungsdienstleistern Spezialkenntnisse, die sich in höheren Prüfungshonoraren niederschlagen. Darüber hinaus sollten die Wirtschaftsprüfer – bei Vorhandensein entsprechender Ressourcen – versuchen größere Mandate zu akquirieren, denn laut den Erkenntnissen in dem Kapitel III.1.1. steigen die Prüfungshonorare kongruent zur Unternehmensgröße der Mandanten. Allgemein empfiehlt sich für alle Abschlussprüfer die Berechnung der Honorare nach dem tatsächlich angefallenen Prüfungsaufwand. Die pauschale Abrechnung führt oft dazu, dass die Abschlussprüfer versuchen ihre Gewinne über das Angebot anderer Leistungen zu erzielen, was ein Risiko für ihre Unabhängigkeit und Unbefangenheit darstellt (vgl. Kapitel III.2.).

Die in der vorliegenden Studie gewonnenen Erkenntnisse erlauben unter anderem eine Handlungsempfehlung für den Gesetzgeber abzugeben. Um die Qualität der Berichterstattung zu gewährleisten, muss eine höhere Transparenz in Bezug auf die Honorarabrechnung geschaffen werden. Die Pflicht zur Angabe der im Geschäftsjahr angefallenen Aufwendungen für die Jahresabschlussprüfung sollte durch die Erläuterung der einzelnen Honorarkomponenten ausgeweitet werden. Eine rein quantitative Angabe ist nicht ausreichend, vor allem

---

[71] Vgl. Niehus, R. J. (2008): Der Wechsel des Abschlussprüfers – Faktum oder Farce?, in: Wirtschaftsprüfung im Wandel, S. 153 -154.
[72] Vgl. Ewert, R. (2003), S. 530.

bei der Inanspruchnahme der sonstigen Leistungen von dem Abschlussprüfer ist es für den Bilanzadressaten wichtig, nicht nur den Umfang, sondern auch den Inhalt der genannten Leistungen nachzuvollziehen. Eine Unterstützung wäre sicherlich auch die Wiedereinführung einer Gebührenordnung. Eine derartige transparenzfördernde Regulierung würde nicht nur die Abschlussprüfer entlasten, indem sie die derzeitige Konkurrenzsituation auf dem Prüfungsmarkt entschärft, sondern auch die Mandanten, die dadurch eine gewisse Planungssicherheit in Bezug auf die Honorarabrechnung erzielen würden. Die beteiligten Akteure könnten sich wieder auf das oberste Gebot der deutschen Rechnungslegung konzentrieren: Der Gläubigerschutz und die daraus resultierende hohe Qualität der Berichterstattung.

Literaturverzeichnis

Gedruckte Publikationen

Ballwieser, Wolfgang / Grewe, Wolfgang u. a. (2008): Wirtschaftsprüfung im Wandel. Herausforderungen an Wirtschaftsprüfung, Steuerberatung, Consulting und Corporate Finance, Verlag C. H. Beck, München 2008.

Beck'scher Bilanzkommentar (2006): Beck'scher Bilanzkommentar – Handelsbilanz und Steuerbilanz, 6. Auflage, Verlag C. H. Beck, München 2006.

Berekoven, Ludwig u.a. (1987): Marktforschung – Methodische Grundlagen und praktische Anwendung, 3. Auflage, Gabler Verlag, Wiesbaden 1987.

Braunsdorf, Andreas (2008): Das Insider Dossier: Bewerbung in der Wirtschaftsprüfung, Hrsg.: squeaker.net GmbH, 1. Auflage, 2008.

Kehm, Patrick (2004): Entscheidung über die Annahme oder Ablehnung eines gesetzlichen Prüfungsauftrags in Wirtschaftsprüfungsunternehmen, Dissertation Universität Giessen, Shaker Verlag, Aachen 2004.

Lünendonk-Studie (2009): Führende Wirtschaftsprüfungs-Gesellschaften und Steuerberatungen in Deutschland, Hrsg.: Lünendonk GmbH, Kaufbeuren 2009.

Ruhnke, Klaus (2000): Normierung der Abschlussprüfung, Schäffer Poeschel Verlag, Stuttgart 2000.

Rumsey, Deborah (2008): Weiterführende Statistik für Dummies, 1. Auflage, WILEY-VCH Verlag, Weinheim 2008.

Scharnbacher, Kurt (2004): Statistik im Betrieb, 14. Auflage, Gabler Verlag, Wiesbaden 2004.

WP-Handbuch (1977): Wirtschaftsprüfer Handbuch – Handbuch für Rechnungslegung, Prüfung und Beratung, Hrsg.: Institut der Wirtschaftsprüfer in Deutschland e.V., ohne Angabe der Auflage, IDW Verlag GmbH, Düsseldorf 1977.

WP-Handbuch (2000): Wirtschaftsprüfer Handbuch – Handbuch für Rechnungslegung, Prüfung und Beratung, Hrsg.: Institut der Wirtschaftsprüfer in Deutschland e.V., 12. Auflage, IDW Verlag GmbH, Düsseldorf 2000.

WP-Handbuch (2008): Wirtschaftsprüfer Handbuch – Handbuch für Rechnungslegung, Prüfung und Beratung, Hrsg.: Institut der Wirtschaftsprüfer in Deutschland e.V., 13. Auflage, IDW Verlag GmbH, Düsseldorf 2007.

Zeitschriftenartikel

Coenenberg, Adolf Gerhard / Marten, Kai-Uwe (1993): Der Wechsel des Abschlussprüfers, in: Der Betrieb, 46. Jg. (1993), Heft 3 vom 22. Januar 1993, S. 101 – 110.

Ewert, Ralf (2003): Prüfung, Beratung und externe Rotation: Ökonomische Forschungsergebnisse zur aktuellen Regulierungsdebatte im Bereich der Wirtschaftsprüfung, in: Der Konzern, Nr. 8 (2003), S. 528 – 539.

Fockenbrock, D. / Hennes, Markus (2009): Das große Gerangel um die Mandate, in: Handelsblatt, o. Jg. (2009), Nr. 178 vom 16. September 2009, S. 14.

Lenz, Hansrudi / Möller, Manuela / Höhn, Balthasar (2006): Offenlegung der Honorare für Abschlussprüferleistungen im Geschäftsjahr 2005 bei DAX-Unternehmen, in: Der Betriebsberater, 61. Jg. (2006), S. 1787 – 1793.

Ludewig, Rainer / Schleithoff, Felix (2009): Unternehmensüberwachung durch Aufsichtsräte und Wirtschaftsprüfer – Was ist zu tun?, in: Die Wirtschaftsprüfung, Nr. 17 (2009), S. 855 – 857.

Marten, Kai-Uwe (1995): Empirische Analyse des Prüferwechsels im Kontext der Agency- und Signalling-Theorie, in: Zeitschrift für Betriebswirtschaft, 65. Jg. (1995), Heft 7, S. 703-727.

Velte, Patrick (2009): Die Vereinbarung des Prüferhonorars durch Aufsichtsrat und Abschlussprüfer als Element der Corporate Governance – Eine normative und empirische Bestandsaufnahme für den deutschen Kapitalmarkt, in: Die Wirtschaftsprüfung, Nr. 24 (2009), S. 1229 – 1233.

Internetquellen

www.deutsche-boerse.com

http://www.wpk.de/pdf/wpk-stellungnahme_08-10-2002.pdf.: Stellungnahme der WPK vom 08.10.2002: Gemeinsame Stellungnahme IDW und WPK zur Empfehlungen der EU-Kommission zur Unabhängigkeit des Abschlussprüfers.

www.spiegel.de: Artikel „Wirtschaftsprüfer im Siemens-Sumpf" aus der Reihe „Schmiergeldaffäre bei Siemens", Fischer, Sebastien / Seith, Anne, 18.06.2008.

http://www.handelsblatt.com/archiv/konzerne-und-pruefer-wollen-unter-sich-bleiben;529590.: Artikel „Konzerne und Prüfer wollen unter sich bleiben", Lückmann, Reinhard, 22.05.2002.

http://www.wifak.uni-wuerzburg.de/bwi/Forschungsberichte/researchpaper_04_2004.zip.: Lenz, Hansrudi / Bauer, Michael (2004): Empirische Untersuchung der Prüfungs- und Beratungshonorare börsennotierter deutscher Aktiengesellschaften, Forschungsbericht Nr. 04/2004 der wirtschaftswissenschaftliche Fakultät der Bayerischen Julius-Maximilians-Universität Würzburg, 2004.